NOTICE

SUR LA FAMILLE

DU BOUËTIEZ

NOTICE

SUR LA FAMILLE

DU BOUËTIEZ

LORIENT
IMPRIMERIE EUG. GROUHEL, LIBRAIRE-EDITEUR
4, place Bisson, 4
1869

NOTICE

SUR LA FAMILLE

DU BOUËTIEZ

Sous ce titre modeste, je ne veux que rassembler et réunir en un faisceau une série de documents épars de côté et d'autre, et qui n'ont de valeur sérieuse que pour ma famille.

Les pièces que nous avons pu avoir à notre disposition, proviennent en grande partie, soit des archives départementales du Morbihan, soit de la bibliothèque impériale *(salle des archives, cabinet des titres).*

ARMOIERIES

La famille du Bouëtiez blasonne d'azur à trois besants d'or, et deux fasces d'argent. Voici la note du président d'Hozier sur cette question :

« A l'égard des armes, j'en trouve de trois façons : 1° dans l'arrêt du 24 novembre 1668, il est énoncé à la 2e page, que cette famille porte d'azur à trois besants d'or et deux fasces d'argent.

2° dans le livre du père Toussaint, p. 37, il est dit que cette famille porte d'azur à deux fasces d'argent accompagné de cinq besants d'or.

3° dans la représentation des mêmes armes, le père les a faites graver à la lettre B, art. 137, d'azur à deux fasces d'argent, accompagné de six besants d'or.

Par où l'on voit qu'on est unanimement d'accord que ces armes sont d'azur à deux fasces d'argent, mais l'on n'est pas d'accord sur le nombre de besants, les uns en mettant 3, puis 5, enfin 6 ; la position la plus naturelle est celle de six besants; trois en chef, deux en fasce et un en pointe. »

Parmi les pièces que nous avons pu déchiffrer, la plus ancienne date de 1437.

Cette année là, en effet, le 9 mars, nous voyons que, devant Antoine Gauvain et Olivier Gézel, notaires en la cour royale d'Hennebont, fut dressé le contrat de mariage de Pierre du Bouëtiez, fils de Jean du Bouëtiez avec Marguerite Le Mézec, fille de Jean Le Mézec, et de Jeanne sa femme.

Le marié n'est évidemment pas dénué de ressources, car sa future lui apporte en dôt: 1° la somme de 20 écus d'or du poids de France, trois tasses d'argent, une table garnie et un lit garni tant de couettes, de linceux, de couvertes, qu'autres choses; 2° la somme de 8 livres de rente.

On est tenté de sourire, en voyant ces huit livres de rente et ces vingt écus d'or, et cependant si nous nous rappelons que ces faits se passaient il y a plus de quatre cents ans, nous conviendrons que la dôt ne laisse pas que d'être sérieuse et dénote pour les deux familles une position d'une certaine importance dans le pays.

Pierre du Bouëtiez avait un frère cadet, Jean du Bouëtiez, qui épousa Marguerite de Kdovihu; de ce mariage il n'y eut pas d'enfants, et le 15 mai 1466 la veuve traita pour son douaire avec Pierre du Bouëtiez son beau-frère comme fils aîné et héritier principal de noble Jean du Bouëtiez.

Pierre du Bouëtiez, dont nous venons de parler, était né de Jean du Bouëtiez et de Marguerite de Kouchin.

A la mort de son père, il eut quelques difficultés avec sa mère pour le règlement de son douaire qu'elle prétendait devoir porter sur le manoir et hébergement du Bouëtiez, mais le 15 mai 1466 une transaction intervint entre le fils et la mère, qui termina le différent.

De Pierre du Bouëtiez et de Jean son père, nous ne savons rien, sinon qu'ils parurent à différentes montres de noblesse, et notamment à celle qui fut faite pour la réformation des nobles de l'évesché de Vannes en 1443.

Pierre du Bouëtiez eut deux enfants : Jean du Bouëtiez, et Henriette du Bouëtiez.

Cette dernière, mariée à Laurent de Kguenno, fut partagée noblement par son père le 6 avril 1480.

Jean du Bouëtiez II épousa en 1480 Jeanne de Baud, dont le père était seigneur de Spinefort, château situé dans la paroisse de Languidic.

Ici encore, aucun détails sur le mode d'existence de Jean du Bouëtiez II, sinon qu'il parait aussi aux montres de noblesse qui se tiennent en 1479 et 1481.

De cette union naquirent deux enfants :

Jean du Bouëtiez III, et Françoise du Bouëtiez..

Cette dernière épousa Maurice Le Couriault, seigneur du Cozker, de la paroisse de Bubry, qui mourut en 1523.

Le 22 septembre de la même année, intervint entre sa veuve et Jean du Bouëtiez III, son frère, la transaction dont la teneure suit :

ORIGINAL EN PARCHEMIN.

« Transaction faite le 22 de septembre de l'an 1523, entre Françoise du Bouëtiez, veuve de Maurice Le Couriault, seigneur du Cozker d'une part, et Jean du Bouëtiez, seigneur du dit lieu du Bouëtiez, par laquelle transaction les dites parties terminent le procès qui était entre elles, sur ce que la dite Françoise du Bouëtiez disait que le dit Jean du Bouëtiez et elle étaient frère et sœur germains, enfants du feu Jean du Bouëtiez, et de dame de Baud, sa femme, sieur et dame du dit lieu du Bouëtiez, morts depuis environ 20 ans, et riches en meubles d'environ 1000 livres, et en rentes de 200 livres : dont ledit Jean du Bouëtiez, comme fils aîné et noble des dits feux Jean du Bouëtiez et Jeane de Baud avaient toujours joui ; quoiqu'elle, la dite Françoise du Bouëtiez, fût fondée à prendre la moitié du tiers, savoir en noble comme en noble, et en partable comme en partable, à quoi ledit Jean du Bouëtiez ayant répondu que la dite Françoise du Bouëtiez avait pendant la vie des dits père et mère rapporté bien plus que sa contingente portion, et que d'ailleurs les sœurs germaines de son dit feu père Jean du Bouëtiez n'avaient pas été payées de ce qui leur appartenait dans les biens de feu Pierre du Bouëtiez, et Jeane Le Mézec, sa femme, ayeul et ayeule desdits Jean et Françoise du Bouëtiez. Néanmoins, il promet de faire assiette à sa dite sœur de la somme de 100 livres de rente sur les biens de ses dits feux père et mère, et de lui payer la somme de 15 livres comptant, moyennant quoi elle devient quitte de toutes prétentions pour raison desdites successions. Cet acte reçu par de Harlan et Le Painfour notaires passés en la cour d'Hennebont. Fait passé dans la maison de Pierre de Harlan, dans ladite ville close d'Hennebont. »

(Bibliothèque impériale.)

Jean du Bouëtiez III, le même qui intervient dans cet acte, épousa en premières noces, l'an 1495, Françoise de Cosnoual, fille d'Henri de Cosnoual, seigneur du Quartier, et de Marion Thémoï.

Comme l'on peut le remarquer, le futur était très-jeune; il avait à peine 15 ans, son père s'étant marié en 1480; aussi le contrat de mariage est-il ainsi conçu :

« 21 janvier 1495.

ORIGINAL EN PARCHEMIN.

» Contrat de mariage de Jean du Bouëtiez, fils aîné, principal héritier et noble présomptif et descendant de Jean du Bouëtiez, seigneur du dit lieu du Bouëtiez, accordé le 21 de janvier de l'an 1495 avec Jeanne Cosnoual, fille d'Henri de Cosnoual, seigneur du Quartier, lequel et Marion Thémoï sa femme promettent de donner à leur dite fille la somme de cent ducas d'or, plus la somme de 5 livres de rente à prendre au terroir de Saint-Gilles et autres endroits mentionnés au dit contrat, avec la somme de 60 livres pour leur ménage, et comme le dit du Bouëtiez et la dite Jeanne de Cosnoual sa fiancée étaient encore de jeunes enfants, les père et mère de la dite Jeanne de Cosnoual s'engagent de nourrir et entretenir ledit Jean du Bouëtiez aux écoles et d'en payer les frais comme de choses à lui profitables et utiles. Ce contrat passé dans la maison desdits sieur et dame de Cosnoual en la ville close d'Hennebont, devant Juzel et Jazel notaires. »

(Bibliothèque impériale.)

Voilà une dernière clause qui bat un peu en brèche ce préjugé, que les anciens gentilshommes ne faisaient nul cas de l'instruction, c'est qu'au fond de la Bretagne, en 1495, on déclare que fréquenter les écoles est pour l'homme chose profitable et utile.

A quelles écoles fut envoyé le jeune du Bouëtiez; comment profita-t-il des soins qui lui furent donnés; c'est ce que les pièces que nous avons entre les mains ne nous disent pas.

Nous ne pouvons que constater la naissance de son fils, Jean du Bouëtiez IV, et la mort de sa femme, Françoise de Cosnoual.

Il ne vécut pas longtemps dans le veuvage, et épousa en secondes noces, Marguerite Jourdain.

Nous n'avons pas de détails sur cette union. Cette demoiselle Jourdain était la fille d'un sieur Jourdain, grand propriétaire dans Plœmeur et Guidel, et notamment seigneur du Couetdor et de Ꝃmadehoa. Nous verrons plus tard les Jourdain se fondre dans les du Bouëtiez.

De ce mariage, naquirent deux enfants: Guy du Bouëtiez, et Yves du Bouëtiez. Guy du Bouëtiez étant primé comme aîné par le fils de Francoise de Cosnoual, reçut en compensation tous les biens appartenant à son père dans la commune de Sauvée. L'acte de donation du 8 février 1537 fut passé dans la maison de Laurent Rivallen en la rue Neuve d'Hennebont, et reçu par Ꝃver et de Ꝃorben passés notaires en la cour de ladite ville d'Hennebont.

Jean du Bouëtiez IV, seigneur du Bouëtiez, se maria deux fois comme son père.

En premières noces il épousa Marie Fournoir, dame de Ꝃorguen, fille de Roland Fournoir, seigneur du Quellenec et secrétaire du duc de Bretagne François II. Le duc, pour être agréable à son secrétaire, annoblit le 9 décembre 1479 la terre de Ꝃorguen, que Roland Fournoir avait constituée en dôt à sa fille.

Nous manquons de renseignements sur cette union, nous savons seulement qu'elle fut féconde et qu'il en naquit deux enfants, Jean du Bouëtiez V et René du Bouëtiez.

En 1503, nous trouvons Jean du Bouëtiez IV aux montres de la noblesse à Vannes.

La fille de Roland Fournoir étant morte, son mari convola en secondes noces, et épousa Louise de Lopriac, fille du sieur de Lopriac, seigneur de Lopriac et de Ꝃmassonet dans la paroisse de Ꝃvignac, et de Dulvern dans la paroisse de Languidic.

De ce mariage naquirent plusieurs enfants, entre autres Yvon du Bouëtiez seigneur de Ꝃroch.

Ici encore, pas le moindre renseignement.

Le 10 octobre 1553, Jean du Bouëtiez V, seigneur du Bouëtiez et de Ꝃorguen, épousa Françoise de Ꝃgoet, dame de Ꝃlan, fille d'Yves de Ꝃgoet, seigneur de Ꝃanclauf, et de Catherine du Dresnay, fille du sieur du Dresnay, qui portait d'argent à la croix de sable accompagnée de trois coquilles de gueules et dont la devise disait : *Crux anchora salutis* et en bon espoir. Leur contrat de mariage porte ce qui suit :

ORIGINAL EN PARCHEMIN.

« Contrat de mariage de noble homme Jean du Bouëtiez, seigneur dudit lieu et de Ꝃorguen, accordé le 10 d'octobre de l'an 1553 avec demoiselle Françoise de Ꝃgoet, fille ainée de noble homme Yves de Ꝃgoet et de demoiselle Catherine du Dresnay sa femme, sieur et dame de Ꝃanclauf, lesdites parties demeurantes ; savoir : ledit sieur du Bouëtiez au lieu du Bouëtiez, paroisse de Saint-Gilles évesché de Vannes et ladite de Ꝃgoet avec ses dits père et mère au lieu et manoir de Ꝃgoutoir, paroisse de Ploker Ꝃaher, en faveur duquel mariage les père et mère de la dite future lui constituent en dôt la somme de 800 livres en avancement de leur succession. Ce contrat passé au manoir de Ꝃgoutoir devant Thomas et de Launay, notaires en la cour de la sénéchaussée de Ꝃaher. »

(Bibliothèque impériale.)

L'année suivante Jean du Bouëtiez règle ses droits et ceux de sa sœur Guillemette du Bouëtiez mariée à Pierre Bellami.

« Du 16 août 1554.

ORIGINAL EN PARCHEMIN.

« Transaction faite le 16 du mois d'août de l'an 1554, entre nobles gens, Jean du Bouëtiez, seigneur du Bouëtiez et de Ꝃorguen, demeurant au dit lieu du Bouëtiez, paroisse de Saint-Gilles près Hennebont, et Pierre Bellami et demoiselle Guillemette du Bouëtiez sa femme, demeurant au village de Ꝃbastard en la commune de Bubry, par la quelle transaction, les dites parties terminent les différents qui étaient entre elles pour la part appartenant à la dite Guillemette du Bouëtiez dans les successions de feux nobles gens, Jean du Bouëtiez et Marie Fournoir sa femme, desquels les dits Jean et Guillemette du Bouëtiez étaient enfants et héritiers. Savoir : le dit Jean, héritier principal et noble et la dite Guillemette, leur fille aînée, fondée à prendre part avec les autres enfants juveigneurs des dits feux sieur et dame du Bouëtiez dans un tiers de leurs biens ; et après que lesdites parties eurent reconnu, que les successions dont il s'agissait étaient nobles, et de gouvernement noble, et avaient été régies, gouvernées, et départies noblement et avantageusement, de manière que les deux tiers devaient demeurer à l'aîné, et un tiers aux autres enfants qui devaient jouir du dit tiers, savoir : les enfants mâles à viager et en bienfait seulement, et les filles en héritage à perpétuité ; après aussi être convenu que la dite Guillemette était fondée à prendre son droit dans un tiers des dites successions avec les autres enfants juveigneurs du dit sieur du Bouëtiez, tant de son premier mariage avec la dite Marie Fournoir, que de son second avec Louise de Lopriac, le dit Jean du Bouëtiez s'oblige de payer et d'assigner à sa dite sœur la somme de 15 livres de rente, et au cas que le dit sieur du Bouëtiez gagnât le procès qu'il a avec le sieur de Kganno, touchant le manoir du lieu de Kbastard, il promet de les délaisser à sa dite sœur et à son dit mari. Cet acte, passé au bourg de Lochrist, dans la maison de Jean Beeniou, et reçu par Restautet et de Nozerais, notaires en la cour d'Hennebont. »

En 1561, le 22 août, partage noble fut fait entre nobles gens, Jean du Bouëtiez, fils aîné et principal héritier de noble Jean du Bouëtiez et de Marie Fournoir, sa femme, et René du Bouëtiez, son frère, juveigneur, demeurant audit lieu du Bouëtiez, paroisse de Saint-Gilles, des successions de leur père qu'ils reconnurent être nobles et devant être partagées et gouvernées noblement et avantageusement. Savoir, que l'aîné, héritier principal et autre, était fondé à prendre les deux tiers, et ledit René et les autres juveigneurs un tiers. Cet acte reçu par Roblet et Bencheray, notaires de la cour d'Hennebont, fut témoin Julien Fournoir, noble homme, sieur de Quélenec.

En 1558, à la date du 31 mai, déclaration par noble homme, Jean du Bouëtiez, seigneur du Bouëtiez, devant les commissaires députés pour le règlement du ban et de l'arrière-ban, dans l'évêché de Vannes, des maisons, terres et héritages qu'il tenait tant pour lui et sa femme que pour demoiselle Catherine du Dresnay, dame douairière de Kanclauff, dont il était héritier expectant, desquels en partie il jouit avec noble Yvon du Bouëtiez, son oncle, juveigneur de sa maison, sujet et aux armes et service du roi.

Puis, le 10 mars 1573, déclaration faite au greffe de Vannes par Jean du Bouëtiez, du service qu'il devait au roi sur le fait des arrières-bans à cause des maisons, métairies, terres et fiefs nobles du Bouëtiez dans la paroisse de Saint-Gilles, de Korguen, paroisse de Caudan, de Kanclauff, paroisse de Pleyben, en Cornouaille tous lesquels peuvent valoir commune année 300 livres de rente.

En 1574, Jean du Bouëtiez mourut, et sa femme fut nommée tutrice de ses enfants mineurs, le 10 mai de la même année.

ORIGINAL SUR PAPIER.

« Assemblée des parents de Jean, Maurice, Jacques, Jeanne, Catherine et Jacquette du Bouëtiez, enfants mineurs de défunt noble homme, Jean du Bouëtiez, sieur dudit lieu, faite au bourg de Saint-Gilles sur champs, le 10 may 1574, par les gentilshommes leurs parents qui avaient assisté au service et enterrement dudit Jean du Bouëtiez, leur père, qui venait d'être fait dans l'église du bourg de Saint-Gilles sur champs; dans laquelle assemblée Me Maurice Le Flo, procureur du roi en la cour d'Hennebont, ayant remontré à noble homme Me Jean Hubi de Ꝃanguen, ancien avocat de ladite cour, l'absence de M. le juge de la dite cour, en la dite ville, il fut arrêté que pour le plus grand profit des mineurs, il fallait que leur garde fût donnée à demoiselle de Ꝃgoet, leur mère. Cet acte, signé Coznoal, greffier d'office de la cour d'Hennebont, puis nobles gens Vincent du Dresnay, sieur de Ꝃgourtès, oncle maternel desdits mineurs, Alain de Ꝃnabé, sieur de Ꝃloet aussi leur parent du côté maternel, Marc Bizien, sieur de Ꝃguiomarch, leur parent au 4e degré du côté paternel, Julien Fournoir, sieur de Quélenec, cousin du père des dits mineurs né de germain, Jean de Baud, sire de Baudoury, leur oncle de l'estoc paternel, Yvon du Bouëtiez, sire de Ꝃroch, leur oncle du côté paternel, pour être frère de leur dit père, Georges de Ꝃmadio, sieur dudit lieu, oncle desdits mineurs du même côté, Maurice Coznoal, sieur de la Villeneuve, leur parent de même estoc que les dits de Kmadio, des Portes et de Saint-Georges, parents au 4e degré des dits mineurs du côté paternel, Jacques de Fournoir, sieur du Stang, aussi leur parent au 3e et 4e degré, Jean Guymarzo, sieur de Ꝃbest, aussi leur parent paternel, Hervé de Baud, sieur de Couetcalay, leur parent paternel, Jacques de Stanfningant, sieur du dit lieu, Louis Le Bodic, sieur de Ꝃcault, aussi leur parent paternel, et noble homme Jean Beaujouan, sieur de Ꝃmérigue.

» Maurice mourut tout jeune; Jean succomba en 1618, après avoir pris part aux guerres de la Ligue.

» Enfin Jacques se trouva à hériter, et à devenir chef de nom et d'armes.

» Jeanne épousa messire Le Gallais, seigneur de Mescosquer.

» Catherine se maria à Jean de Ꝃpesdron, seigneur de Ꝃscasdre.

» Enfin la troisième, Jacquette, vécut dans le célibat.

» A cette époque, René du Bouëtiez dont nous avons parlé plus haut, est un intrépide ligueur; c'est l'ami du sieur d'Arradon, seigneur de Quinipily, gouverneur de la ville d'Hennebont; ils sont plusieurs du Bouëtiez tenant pour la cause de la Ligue et passant leur vie à chevaucher et à guerroyer dans le pays qui forme aujourd'hui les deux départements du Morbihan et du Finistère. Nous trouvons des traces de cette existence dans le fameux journal du sieur d'Arradon, un des documents les plus précieux que renferme le tome II de don Maurice. (*Histoire de Bretagne*, preuves.)

Nous sommes en 1589, au mois de juin, Henri III n'est pas encore tombé sous le poignard de Jacques Clément; la Basse-Bretagne est en proie à une guerre civile acharnée.

Voici quelques extraits de ce journal :

Page CCLXX.

« Le mardy, XI du mois de juin, je renvoyé Lacorne et j'escrivoye à ma femme qu'elle eût fait en tout son pouvoir à me faire advoier en toute diligance les seigneurs de Kdrého, du Boyetier, Runello, et tous les autres qui m'advaient promis. Le même jour, les dits seigneurs de Kdrého et du Boyetier adrivèrent à Hennebont venant de ce pays de Basse-Bretagne de Quempercorantin. »

Plus loin, page CCLXII.

« Le mercredi, XVIII du dit mois de mars 1590, M. du Bouettier alla à Vannes aux états et en escrivis pour lui à mes frères d'Arradon et du Plessis afin qu'ils eussent sollicité vers monseigneur (le duc de Mercœur) à délivrance du capitaine Klay, son frère, que ceux de Quimpercorantin tenaient prisonnier. J'en escrivis de toute affection.

» Puis, le samedi, XXII du même mois, j'ai envoyé le sieur du Bouettier au Pontcallec mener quinze ou seize de mes gens d'armes et huit arquebusiers à cheval à mon frère de La Grandville, qui est lieutenant de ma compagnie.

» Le jeudi, XXV du dit mois, le sieur du Bouettier arriva de Vannes.

» *Puis, plus loin:* le jeudi, XXVII du mois de janvier, Le Frescle et le sieur du Boëtier viendrent de Nantes.

» Comme on le voit par ces courts extraits, les seigneurs du Bouëtiez menaient une vie active, guerroyant, allant aux états, courant de Quimper à Vannes, et de Nantes à Hennebont; tantôt libres et tantôt prisonniers, au demeurant d'enragés ligueurs. L'un d'eux-même, en arriva à ne plus vouloir reconnaître de chef, et à faire pour son propre compte une guerre qu'il déshonora par ses excès. »

Voici, du reste, ce qu'en dit le chanoine Moreau dans son histoire de la Ligue en Bretagne.

CHAPITRE V.

COMMENT LE SIEUR DE KERANLHAN SE SAISIT DE GUENGAT.

« Après le siége de Pont-l'Abbé, tout le pays bas demeura en paix, sous l'autorité du duc de Mercœur, gouverneur de la province, excepté Brest en Léon, et quelques autres châteaux champêtres, lorsqu'un jeune éventé, nommé en surnom du Bouettier, juveigneur de la maison du Bouettier, près Hennebont, et en titre de seigneurie de Kanlhan, qui est une terre en Pleyben, ayant ramassé vingt-cinq ou trente brigandeaux comme lui, se saisit de la maison de Guengat, en la paroisse de Guengat, deux lieues de Quimper, où il se retrancha comme il put; sans distinction de personne ni de parti, il pillait, ravageait, prenait prisonniers, violait et tuait comme s'il eût été en terre de conquête, et se comportait de telle façon qu'il semblait vouloir à soi-même sans reconnaître aucune supériorité; si bien que l'on fut forcé de l'assiéger, et il se défendit quelques semaines, même y mena-t-on quelques canons, toutefois de petit calibre. Enfin, il fut obligé de capituler, qu'il sortirait de la dite maison, et ferait secours au parti comme ses frères, à cause desquels on en passa plus doucement. Il avait mérité plus grand châtiment et mort honteuse, car deux ou trois ans après le duc de Mercœur lui fit trancher la tête à Hennebont, qui n'était pas encore digne des méchancetés qu'il avait faites. Son frère aîné, du Bouettier, était alors à Hennebont, lequel par ses amis et ses offres, ne put empêcher la dite exécution.

» En ce siége de Guengat, mourut des assiégeants grand nombre de paysans et gens de qualité, le sieur du Marhallach, celui qui s'était retiré au château du Pont, et qui, après la mort de Trogoff, avait par capitulation rendu le château aux assiégeants.

» Le seigneur de Guingat, nommé Jacques de Guengat, tenant le parti du roi, voulut aussi fortifier la dite maison, où il tenait nombre de gens de guerre, ce qui étant suspect à ceux de Quimper, et ne voulant cesser la fortification, quelque conseil qu'on lui donnât, il y fut aussi assiégé et contraint de se rendre bagues sauves, et se retira à Brest, où il demeura tout le temps de la guerre. »

Jacques du Bouëtiez I, fils de Jean du Bouëtiez V, seigneur du Bouëtiez et de Ꝃorguen, avait grandi pendant les guerres de la Ligue et le règne d'Henri IV. L'année même de la mort de ce dernier, en 1610, il épousa la sœur d'un homme d'une grande piété qui obtint même les honneurs de la béatification. Je veux parler du Révérend Père Hubi, jésuite, premier directeur de la maison de retraite à Vannes.

Voici ce qui est rapporté à ce sujet, dans la Vie des Saints de Bretagne de don Alexis Hobineau :

« Jacques Hubi, marié à Marguerite Le Flo, était d'Hennebont, d'une famille ancienne, qui passait pour noble, et qui avait un conseiller au parlement de Bretagne. Il eut sept enfants de son mariage : deux garçons et cinq filles. Deux des filles furent religieuses au monastère des Carmélites Nazareth, près de Vannes, et les trois autres furent mariées à trois gentilshommes : l'aînée, à M. du Bouestiez, de Hennebont ; la seconde, à M. de Ꝃlevarec, de Droual, et la troisième, à M. de Ꝃlouet, de Canaber. L'aîné des garçons, M. de Ꝃguen, ou Ville-Blanche, vécut fort chrétiennement dans le mariage, et le second qui fut le dernier de ces sept enfants, ne vint au monde que plusieurs années après les autres. C'est de ce dernier que l'on a écrit la vie. Il naquit à Hennebont, le 15 de mai de l'an 1608, et fut nommé Vincent au baptême qu'il reçut dans l'église de Paradis, qui est la paroisse de la ville. Il fit ses humanités au collége des jésuites de Rennes. Il fut reçu jésuite en 1643. Pour ménager sa santé qui était faible, ses supérieurs ne l'occupèrent les huit années suivantes qu'à la préfecture des classes, et à enseigner la théologie morale à Orléans, puis à Vannes.

» Après avoir été recteur du collége de Quimper, il passa les trente dernières années de sa vie dans la direction des retraites.

» Il était fort humble ; bien éloigné de tirer gloire de ses parents, dont il avait un très-grand nombre, et presque tous d'un rang à lui faire honneur ; il n'en parlait non plus que s'il n'en eût aucun, et ne se mêla jamais de leurs affaires temporelles.

» Ce fut lui qui fonda l'adoration perpétuelle du Saint-Sacrement. »

L'extrait du contrat de mariage porte :

Contrat de mariage de Jacques du Bouëtiez, seigneur du Bouëtiez et de Ꝃanclauff, demeurant en sa maison du Bouëtiez, paroisse d'Hennebont, accordé le 17 de février de l'an 1610, avec demoiselle Françoise Hubi, fille aînée de nobles gens Jacques Hubi, seigneur de Querguen et de Coetnan, et de demoiselle Marguerite Le Flo, sa femme, demeurant dans la ville close d'Hennebont. Ce contrat, reçu par Damajou et Février, notaires à Hennebont, en présence de noble homme François de La Coudraie, seigneur de La Boulaie, conseiller du roi et sénéchal du dit Hennebont, et de demoiselle Briande Le Flo, sa femme, cousine germaine de la dite dame Querguen, par lesquels les dits père et mère de la dite future épouse promirent d'habiller leur fille honnêtement comme demoiselle de bonne maison.

Après le contrat, l'on passa aux accordailles :

Le mercredy, 17 de février 1610, ont été par moi, soussigné, vicaire perpétuel de Hennebont, fiancés, escuyer Jacque du Bouëtiez, sieur du dit lieu, et damoiselle Françoise Huby, fille ainée de nobles gens, Jacque Hubi, et Marguerite Le Flo, sieur et dame de Querguen, et de nobles gens, François de La Caudraie, sieur de La Boulay, conseiller du roi et sénéchal d'Hennebont, Jean Geffroy, sieur de Ꝃgourio, lieutenant, Michel Fournoir, sieur du Quillenec, Pierre Le Gouvello, sieur de Quelaczen, procureur du roi, Mathieu Huby, sieur de Ꝃgazo, et autres soussignés, signé Jean du Bouëtiez, Françoise Huby, Marguerite Le Flo, F. de La Coudraié, J. Jeffroy, My Fournoir, Y. Des Portes, et P. de Vannes.

Puis, le 22 février, on célèbre le mariage en présence des mêmes personnes, plus de Jean Perrier, et de Bonaventure Huby, et d'une infinité d'autres, dit l'acte; les dites noces ont été faites en l'église de Saint-Jullien, près l'Abbaye.

Jacques du Bouëtiez I eut plusieurs enfants :

Jacques du Bouëtiez II.

Louise du Bouëtiez.

Jacquette du Bouëtiez.

Vincent du Bouëtiez.

L'aîné, Jacques du Bouëtiez II, se maria deux fois : en premières noces, il épousa le 18 de janvier 1640, Marie de Ꝃgadalan, dame du Drémer, fille de Louis de Ꝃgadalan, et de Jeanne du Cosquer.

L'extrait porte :

Contrat de mariage de noble homme Jacque du Bouëtiez, seigneur de Ꝃanclauff, fils aîné d'autre noble Jacque du Bouëtiez, seigneur du Bouëtiez, et de demoiselle Françoise Hubi, sa femme, demeurant au manoir de Ꝃanclauf, paroisse de Pleyben, accordé le 18 de janvier de l'an 1640, avec demoiselle Marie de Ꝃgadalan, et de dame Jeanne du Cosquer, sa femme, demeurant au manoir du Drémer dans la paroisse de Pleyben. Ce contrat reçu par Quifélec, notaire de la cour royale de Chaulieu, fut passé au manoir du Drémer.

La même année, Jacque du Bouëtiez I fit le partage de ses biens entre ses enfants.

L'acte est ainsi conçu :

« Du 20 juin 1640.

ORIGINAL EN PAPIER ET EN PARCHEMIN.

» Partage fait, le 20 juin de l'an 1640, par Jacque du Bouëtiez, écuyer, seigneur du Bouëtiez, de Kjlau et de Kjorguen, entre Jacque et Vincent du Bouëtiez, escuyers, et demoiselles Louise et Jacquette du Bouëtiez, ses enfants, nés de son mariage avec feue demoiselle Françoise Hubi, sa femme. Savoir : tant de la succession à écheoir du dit Jacque du Bouëtiez, leur père, que de celle à eux échue par la mort de leur dite mère. Par lequel partage, après que les dites parties eurent demeuré d'accord de la qualité avantageuse et noble des dites successions et de leur gouvernement noble, moyennant quoi, il appartenait à l'aîné les 2/3 au noble comme au noble avec son droit de préciput, et aux puînés et cadets l'autre tiers, et que quant aux terres roturières, les portions étaient égales. Le dit Jacques du Bouëtiez père, ordonne qu'au dit Jacques du Bouëtiez, son fils ainé, principal et noble, appartiendrait la maison noble du Bouëtiez, dans la paroisse de Saint-Gilles, près Hennebont, évesché de Vannes, avec les deux métairies nobles du Bouëtiez, plus la terre noble de Kjanclauf, dans la paroisse de Pleyben, que le dit Vincent du Bouëtiez aurait la maison noble de Kjorguen toute en ruine avec son bois de haute futaie, la dite Louise du Bouëtiez, le lieu noble de Pennaven, dans la paroisse de Pléain, évesché de Cornouaille, juridiction de Carhaix, et la dite Jacquette du Bouëtiez, une tenue, située dans la paroisse de Quistinic, au village de Listouer, et moyennant quoi, les dits enfants se déclarent bien et dûment partagés, sans comprendre dans cette division des biens le lieu noble de Noël Le Guiader, appelé Fénélon Balhouë, dans la paroisse de Plonger-Carhaix. »

Cet acte, reçu par Jean Pitouais et Vincent Perrier, notaires à Hennebont, fait et passé en la dite ville d'Hennebont, en présence de nobles gens, Jacque de Baellec, seigneur de Kjliven, Mathieu Hubi, sieur de la Ville-Blanche, Jean Baellec, sieur du Cosquer, avocats à la cour, et Pierre Perrier, sieur de Bodestin, tous parents paternels et maternels des dites parties.

Le 28 avril 1641, nouveau partage par Jacques du Bouëtiez, escuyer, seigneur du Bouëtiez, fils aîné, principal et noble de Jean du Bouëtiez, et de demoiselle Françoise de Kgoet, dame de Klan, à demoiselle Jeanne de Kpédron, sa nièce, femme de Jean de Kmadio, seigneur du dit lieu, et fille et héritière principale et noble de Jean de Kpédron, et de demoiselle Catherine du Bouëtiez, sa femme, qui était sœur de messire Jacques du Bouëtiez, tant dans la succession du dit Jean du Bouëtiez, leur père, que dans celle d'autre Jean du Bouëtiez, leur bisaïeul. Cet acte, reçu par Rondel et Lozennais, notaires à Hennebont, les dites parties avaient compromis entre les mains de nobles gens Jérôme Peyron, sieur de Pénélan, avocat en la cour, et de Jacques Baellec, sieur de Kliven, aussi avocat en la cour.

Sur les entrefaites, madame du Bouëtiez vint à mourir.

L'année suivante, en 1642, au mois de novembre, Jacques du Bouëtiez II se marie en secondes noces avec Gabrielle de Kguisiau, fille de Vincent de Kguisiau, et de dame Béatrix de Quellenec.

Le 31 octobre était intervenu le contrat de mariage dont la teneur suit :

ORIGINAL EN PAPIER.

« Contrat de mariage de messire Jacques du Bouëtiez, seigneur de Klan, fils aîné et héritier principal et noble de messire Jacques du Bouëtiez, et de feue dame Françoise Hubi, sa femme, seigneur et dame du Bouëtiez, de Kaulan, de Korguen, de Kandreff, accordé le 31 d'octobre, de l'an 1642, avec demoiselle Gabrielle de Kguisiau, dame de Quellenec, fille aînée et héritière principale et noble de feu Vincent de Kguisiau, et de dame Béatrix de Quellenec, sa veuve, sieur et dame de Ksemic, de Quellenec, de Kvirioudet, de Kjean, du consentement de messire Philippe de Kest, seigneur de Guiliant, du Carpou et de Bizrit, stipulant pour le dit seigneur du Bouëtiez, père du dit futur. En faveur duquel mariage, la mère de la dite future lui constitue en dot par avancement de son droit naturel, tant en la succession échue de son dit père, que dans celle de sa dite mère à échoir, la somme de 900 livres de rente, qu'elle lui assigne sur la terre et seigneurie de Ksenné, située dans la paroisse de Landéda, évesché de Léon, et le père du dit futur promet de lui donner la somme de 1200 livres de rente; et en outre en cas que douaire eût lieu par le prédécès du dit futur, son dit père, s'il lui survivait, s'engage de le faire valoir la somme de 400 livres de rente à la demoiselle Gabrielle de Kguisiau, que la dame

Béatrix de Quellenec, sa mère, affirme être majeure de 25 ans depuis peu de jours. Ce contrat passé dans la maison de Quellenec, paroisse de Chaulin, devant Paillart et Précouret qui en retint la minute, notaires ; la dite minute, signée Béatrix de Quellenec, Gabrielle de Ꝃguisiau, Jacques du Bouëtiez, Philippe de Ꝃest, Marie de Ꝃgoët, Marie de Ꝃguisiau, Louise de Ꝃguisiau, François de Ꝃguisiau, et des dits notaires. »

En 1650, Vincent du Bouëtiez, frère du précédent, avait été fiancé dans le mois de février à Renée Fournoir, sa cousine.

Le 13 février, avait été rédigé le contrat de mariage :

ORIGINAL EN PAPIER.

« Articles du mariage de Vincent du Bouëtiez, seigneur de Ꝃorguen, demeurant ordinairement dans la maison de monsieur du Bouëtiez, son frère, paroisse de Saint-Gilles, accordés le 13 de février 1650, avec demoiselle Renée Fournoir, dame du Quellenec, veuve du noble homme Jacques Baellec, sieur de Ꝃliven, demeurant dans la dite ville close d'Hennebont, par lesquels la dite dame du Quellenec se réserve de faire élever ses enfants aux études jusqu'à l'âge de 20 ans, et de jouir des biens de leur père, et de la succession à échoir de leur grand'mère, et de ne faire payer aucune pension, ni entretien à Jacquette Baellec, sa fille, tant qu'elle demeurerait dans le respect qu'elle lui devait.

» Et messire Jacques du Bouëtiez, seigneur du Bouëtiez, s'oblige de faire valoir le partage au dit sieur de Ꝃorguen, son frère, la somme de 500 livres de rente, ou de lui donner la somme de 1000 livres ; ces articles, reçus par Me Vincent Perrier, notaire en la cour d'Hennebont. »

Le mariage n'eut lieu que dans le courant de l'été, par suite de la nécessité où l'on se trouva de demander des dispenses.

Les bulles de dispense sont des nonnes de mai 1650, et portent ce qui suit :

ORIGINAL EN PARCHEMIN.

« Bulles données par notre Saint-Père le Pape, à Sainte-Marie-Majeure à Rome, le jour des nonnes ; c'est-à-dire le 7e de mai de l'an 1659, par lesquelles sur ce qui avait été exposé à Sa Sainteté par Vincent du Bouëtiez, laïc, et Renée Fournoir, du diocèse de Vannes, que la dite Fournoir étant née sans beaucoup de biens, elle ne pouvait trouver que dans sa famille un mari d'une condition pareille à la sienne, et que le dit Vincent du Bouëtiez la recherchant en mariage, elle agréerait volontiers sa recherche ; mais qu'étant parents du troisième au quatrième degré, ils ne pouvaient s'épouser l'un et l'autre, sans une dispense de cette consanguinité. Sa Sainteté accorde la dite dispense du 3ᵉ au 4ᵉ degré, permet au sieur du Bouëtiez, et à la dite Renée Fournoir de se marier ensemble, et déclare leur postérité légitime. Ces bulles signées : J. Calo, J. Bodesan, et sur le repli *ut bactesianus* et scellées en plomb. »

En 1640, Louise du Bouëtiez épousa Julien Des Portes, seigneur de Saint-Nudec, représentant une branche cadette de la famille de Ꝃsabiec.

Jérôme des Portes, écuyer, issu de ce mariage, épousa en 1676, damoiselle Anne Marigo, fille mineure et unique héritière de défunt escuyer Louis Marigo, et de Françoise du Lys.

Vers la même date de 1640, Jacquette du Bouëtiez avait épousé Maurice Le Bigot, seigneur de Pennanech.

En 1677, demoiselle Anne du Bouëtiez du Quellenec, fille de Vincent du Bouëtiez de Ꝃorguen, et de Renée Fournoir, épousa Jacques de Pluvié, chevalier, seigneur de Ménéhouarn. Voici quels furent les parents de la mariée qui délivrèrent leur consentement au mariage :

Haut et puissant seigneur, messire René de Canaber, chevalier, seigneur, comte de Ꝃlonet, baron de Buly, et de Coetloret, gouverneur de la ville et pays de Carhaix, demeurant au château de Ꝃlouet, paroisse de Plévin (Cornouaille), oncle paternel ;

Messire Hyacinthe de Cosnoal, seigneur de Saint-Georges, Ꝃmerrien, Le Crano, et autres lieux, demeurant en sa maison de Ꝃmérien, paroisse de Saint-Caradec-Trégomel, parent au quart degré en l'estoc paternel ;

Messire Guy de Lopriac, chevalier, seigneur de la Haute-Touche, cousin-germain ;

Ecuyer Bonaventure Bérard, sieur de la Ville-au-Pyer, parent au 1/3 degré en l'estoc paternel ;

Ecuyer Hérosme Des Portes, chevalier, seigneur de Saint-Nudec, en Caudan, cousin-germain ;

Ecuyer Georges Fournoir, sieur de Barach, et y demeurant en la paroisse de Ploerdut, oncle au maternel.

En 1668, on procéda à une réformation générale de la noblesse en Bretagne ; et le 8 juillet de cette année, la chambre des comptes de Bretagne rendit l'arrêt suivant, dont copie figurée en papier se trouve à la bibliothèque impériale :

« Arrest rendu en la chambre des comptes de Bretagne, le 8 juillet de l'an 1668, par lequel sur ce qui avait été exposé par Jacques du Bouëtiez, seigneur du dit lieu, que pour servir à titres à lui et à sa maison, il avait besoin des extraits des réformations et des rôles des montres de l'évesché de Vannes, ensemble de quelques aveux étant en la dite chambre, et lui en ayant requis la délivrance, elle ordonne que les dits extraits seraient faits par maître Jean de Moaire, conseiller auditeur, lequel, en conséquence, déclare que Me Jacques Gicqueau, garde des livres, lui avait reporté au livre de réformations de l'évesché de Vannes, daté, auxquels feuillets du mois d'août de l'an 1448, dans lequel folio 43, recto, était écrit : Jean Boethier, noble homme, et n'a à présent un métier, plus un rôle des montres générales des nobles anoblis, tenant fiefs nobles, et pareillement des nobles juveigneurs qui ne tenaient aucun fief de l'évesché de Vannes, les dites montres tenues en la dite ville de Vannes, les 8, 9 et 10 de janvier de l'an 1479, par nobles gens, haut et puissant le sire de Guémené, et Bertrand du Parc, seigneur du Bréal et de Kclavi, comis par le duc, suivant son mandement, signé par Richard, son secrétaire, et scellé du sceau de sa chancellerie, au folio 4, desquelles montres, recto, sous la paroisse de Saint-Gilles, était écrit : Pierre Le Boëtier, et Jean, son fils, à cheval, plus un autre rôle des montres et revues des nobles anoblis et autres sujets aux armes de l'évesché de Vannes, tant à cause de leur noblesse, que par rapport à leurs fiefs. Tenues à Vannes, les 5, 6 et 7 jour de juin de l'an 1480 par nobles gens, haut et puissant le sire de Guémené, et Bertrand Du Parc, chambellan du duc, et par lui comis par son mandement du 18 de mai de la dite année 1480, signé : François, et plus bas par Guéguen, son secrétaire, scellé au folio 48, duquel rôle était écrit sous la dite paroisse de Saint-Gilles, Pierre Le Boëtier, pour lui et son père Arch. en Brig., etc., plus un autre rôle d'une autre montre, faite à Aurai, les 5 et 6e jour de septembre de l'an 1481 ; signée à la fin : Louis de Rohan, et plus bas du commandement de MM. les commissaires de Callac, au folio duquel rôle, sous la paroisse de Saint-Gilles était écrit : Pierre Le Bouëtiez, archer en point et en compagnie de Jean, son fils ; plus un autre rôle des montres générales des nobles anoblis, et autres sujets aux armes par cause de la noblesse d'eux ou de leurs fiefs de l'évesché de Vannes, tenues à Vannes les 3, 4 et 5e jour de mai de l'an 1483 par nobles gens haut et puissant le sire de Guémené, et Jean Guillaume, sieur de Trignac, comis par le duc, au folio 4, verso, duquel rôle était écrit sous la paroisse de Saint-Gilles, Pierre Le Bouëtier et Jean, son fils, arch. en Brig., plus un autre rôle des montres générales des nobles et anoblis, et autres sujets aux armes de l'évesché de Vannes, tenues à Questembert et Aurai par les sieurs de Moulac et de Kaer, commissaires du roi et de la reine, duc et duchesse, les 25 et 27 de septembre, 3 et 4 octobre de l'an 1503, au folio 69, duquel rôle sous la paroisse de Saint-Gilles était écrit :

» Jean Le Bouëtier a comparu à cheval non armé. Injonction à la prochaine montre de paraître bien monté selon sa richesse, et pour archier et vu aveu et minu du lieu et manoir du Bouëtiez, fourni par noble homme, Jean du Bouëtiez, escuyer et seigneur du lieu, le 8 de juin de l'an 1540, et signé de lui. »

Tous ces extraits collationnés par le dit Jean de Moaire, auditeur, et délivrés sur les conclusions de Yves Morice, procureur général, et suivant l'arrêt de 1668, signé R. Bidé. Plus il est dit, qu'à la date du 22 février est une réformation de l'an 1443, folio X, en la paroisse de Saint-Gilles, était écrit :

« Jean Le Bouëtier, noble homme, et exempt et en marge noble, et qu'au folio 225 était en minu baillé par Jean du Bouëtier en héritier principal et noble de Jean du Bouëtier, son père, seigneur du dit lieu du Bouëtiez, au roi légitime, administrateur des biens de son fils le dauphin, duc et seigneur, propriétaire des païs et duchés de Bretagne, au mois de décembre de l'an 1528. »

Sur l'arrêt de la chambre des comptes précité, la chambre établie à Rennes pour la réformation de la noblesse, rendit l'arrêt dont l'extrait suit :

« 24 novembre 1668.

ORIGINAL EN PARCHEMIN.

« Arrest rendu le 24 de novembre de l'an 1668, par la chambre établie par le roi à Rennes, pour la réformation de la noblesse dans la province de Bretagne, par lequel arrest, après avoir vu les titres qui lui avaient été représentés par Jacques du Bouëtiez, et seigneur du dit lieu, faisant tant pour lui que pour Jacques du Bouëtiez, seigneur de Querlan, son fils aîné, héritier principal et noble, et pour Joseph du Bouëtiez, son fils puiné, et Jacques du Bouëtiez, son neveu ; la dite chambre déclare les dits Jacques, et Jacques et Joseph du Bouëtiez, ses fils, et Joseph du Bouëtiez, son neveu, nobles et d'ancienne extraction, et comme tels leur permet et à leurs descendants en mariage légitime, de prendre la qualité d'écuyer, et les maintient au droit d'avoir armes et écusson timbrés appartenant à leur qualité, et dans celui de jouir de tous droits, franchises, prééminences et priviléges, attribués aux nobles de la dite province, et que leur nom serait employé dans le catalogue des dits nobles, sous le ressort de la juridiction royale d'Hennebon. Cet arrêt, signé Malescot. »

Jacques du Bouëtiez II, de son mariage avec Gabrielle de Kguisio eut quatre enfants :

Jacques du Bouëtiez III ;

Joseph Hyacinthe du Bouëtiez, seigneur de Kséné ;

Jacquette du Bouëtiez ;

Louise du Bouëtiez.

Jacque du Bouëtiez III, seigneur du Bouëtiez, de Klan, de Quellenec, etc., épousa le 8 de février de l'an 1675, Catherine Ermar, fille de Jean Ermar, seigneur du Lieuzel, etc. et de Mathurine Nicolazo.

L'extrait du contrat de mariage est rapporté ainsi qu'il suit :

« Contrat de mariage de messire Jacques du Bouëtiez, chevalier, seigneur du Bouëtiez, de Querlan, de Quellenec et de Quersenné, etc., demeurant dans son château du Bouëtiez, paroisse de Saint-Gilles en Hennebont, fils aîné, héritier principal et noble de messire Jacques du Bouëtiez, chevalier, et de dame de Kguisio, sa femme, accordé le 8 de février de l'an 1675, avec demoiselle Catherine Ermar, fille de Jean Ermar, seigneur du Lieuzel, de Kohuillé, etc., et de dame Mathurine Nicolazo, sa veuve, demeurant dans la maison de Lieuzel, paroisse de Plémadeuc, le tout dans l'évesché de Vannes. »

Ce contrat, reçu par Nicolas, notaire de la cour royale de Ploërmel, fut passé dans la dite maison de Lieuzel ; présent messire Joseph du Bouëtiez, prêtre, et vicaire perpétuel de Hennebond.

Cette union est une des plus brillantes qui ait été contractée par la famille du Bouëtiez ; voici en effet quelques renseignements assez curieux sur ces deux familles, renseignements dus aux recherches de M. Aubry, juge au tribunal civil de Lorient :

Jéhan Ermar, seigneur de Lieuzel, épousa en 1646 Mathurine Nicolazo de La Grée.

De ce mariage naquit :

Catherine Ermar de Lieuzel, qui épousa le 8 février 1675, Jacques du Bouëtiez, seigneur du dit lieu, de Kԑlan, du Quellenec et de Quersenné.

La famille Ermar blasonne de geules à 9 besans d'or 3, 3, 3, comme les seigneurs de Malestroit dont elle était issue, et comme eux, portait pour devise : *Qui numerat nummos non male strichna domus*, par allusion aux besans de son écusson, et au privilége qu'elle possédait de pouvoir partager ses filles en numéraire.

La famille de Malestroit était l'une des plus anciennes et des plus illustres de Bretagne ; elle prit une part très-active à tous les grands événements de ce pays, notamment aux guerres de Blois et de Montfort, dont tous ses membres étaient zélés partisans ; les principaux d'entre eux ayant été invités par le roi de France à un tournoi qui devait se faire à Paris, et s'y étant rendus, y furent faits prisonniers par trahison. Ils furent pour leur fidélité au parti de Montfort, accusés du crime de lèse-majesté, condamnés, mis à mort, et leurs biens furent confisqués.

Depuis la confiscation, la seigneurie de Malestroit passa dans la famille des Château-Giron, des Laval, des d'Acigné, des Montmorency, qui, toutes voulurent faire revivre ce nom illustre en le donnant à leurs juveigneurs.

Le seigneur de Lieuzel, pour éviter la proscription des autres membres de la famille de Malestroit, cessa d'en porter le nom, et adopta comme nom patronimyque celui d'Ermar, qui était le nom de baptême de tous les fils aînés de cette branche. Ses descendants l'ont conservé depuis, ainsi que les armes et la devise des seigneurs de Malestroit qu'ils portèrent toujours en souvenir de leur origine.

La branche des seigneurs de Lieuzel se subdivisa en plusieurs autres, dont les plus connues sont celles de Coedelo et de Kԑvily.

La branche de Lieuzel se maintint pendant plusieurs siècles ; enfin elle s'éteignit ou plutôt tomba en quenouille vers le milieu du 18e siècle, et ses biens passèrent dans la famille de Soulange qui les possédait encore à l'époque de l'émigration.

Le nom des divers membres de la branche des Lieuzel se trouve souvent cité par les historiens de Bretagne, entr'autres celui d'Eon, qui, en 1420, prit les armes pour la délivrance du duc de Bretagne, prisonnier des Penthièvre, et celui de Pierre, qui épousa, en 1536, Jeanne de Rohan, fille du prince de ce nom, descendant des anciens rois de Bretagne. Catherine Ermar se trouvait être l'arrière petite fille de cette Jeanne de Rohan.

Quant à la famille Nicolazo, qui blasonne d'argent au léopard passant de gueules, elle descend de don Nicolazo, l'un des principaux gentilshommes de la cour de l'empereur Charles-Quint, qu'il accompagna en France en 1539. Il s'y maria, et s'établit à Vannes. Ses descendants formèrent diverses branches, entr'autres celle des de La Grée. C'est à cette dernière qu'appartenait madame du Bouëtiez.

Depuis l'établissement de la famille Nicolazo en France, la plupart de ses membres ont occupé des positions sociales distinguées et ont fait de brillantes alliances. Dans la généalogie de cette famille dressée et publiée par M. de Pontaumont, membre de la société des antiquaires de Normandie, on remarque parmi les alliances de la famille Nicolazo, les noms des de La Rue, des de Bertière, des de Lourmel, des de Marolles, des Tascher de la Pagerie, etc., etc.

Peu d'années après le mariage de Jacques du Bouëtiez III, son cousin, Jacques du Bouëtiez, seigneur de Ꝃorguen quittait l'armée et revenait au pays épouser mademoiselle Perrine du Bahuno, dame de Berrien.

Le contrat de mariage fut dressé à la date du 18 août 1678.

ORIGINAL EN PARCHEMIN.

« Contrat de mariage de messire Jacques du Bouëtiez, chevalier, seigneur de Ꝃorguen, de Ꝃglear et de Ꝃveneau, fils aîné, héritier principal et noble de feu messire Vincent du Bouëtiez, seigneur de Ꝃorguen, et de dame Renée Fournoir, sa veuve, dame de Ꝃorguen, accordé le 18 du mois d'août de l'an 1678 avec demoiselle Perrine du Bahuno, dame de Berrien, fille puisnée de feu messire François du Bahuno, chevalier, et de dame Anne de La Coudraie, sa femme, seigneur et dame de Berrien, la dite future assistée de messire Louis de Cléguénec, son beau-frère et son curateur, chevalier, seigneur de Lentillac et de Ꝃdréhau, les dites parties demeurantes, savoir : le dit seigneur de Ꝃorguen, dans la ville de Hennebond, paroisse de Saint-Gilles, évesché de Vannes, et la dite demoiselle de Berrien, dans les maison et manoir nobles de Ꝃdréhau, paroisse du Vaizin, évesché de Vannes, lieu de la demeure du sieur de Lentillac. En faveur duquel mariage, le dit futur déclare être fondé dans la totalité des biens de feu seigneur de Ꝃorguen, son père, comme son fils, héritier principal et noble et dans les biens mobiliers de la dame du Fournoir, sa mère, dame de Ꝃorguen, suivant la démission qu'elle en avait faite à son profit par acte du 5 du mois d'août, à condition pour lui de payer les dites dettes de sa mère, à l'exception de la dot de dame Anne du Bouëtiez, sœur du dit sieur de Ꝃorguen, et femme de messire Jacques de Pluviers, chevalier, seigneur de Ménéhouarn, dont la dite dame de Ꝃorguen demeurait chargée. En faveur du même mariage, messire François du Bahuno, chevalier, seigneur de Berrien et de Ꝃdisson, frère aîné de la dite future, et assisté de messire Jean-Baptiste Charpentier, seigneur de Fouqueu, son curateur, lui constitue en dot la somme de 1,300 livres de rente, à compte de laquelle il lui assigne la somme de 615 livres de rente sur la maison de Penguily, paroisse de Ploure, évesché de Vannes ; et il est stipulé que le reliquat du compte à elle dû par messiré du Bahuno, son tuteur, chevalier, seigneur de la Demie-Ville serait réputé le propre de la dite future, et serait inaliénable. Le douaire est de la somme de 1,500 livres de rente. Ce contrat, passé dans la salle du manoir noble de Ꝃdréhau, paroisse du Vaizin, devant Podenac et d'Ozi qui en retint minute, notaires en la cour de Pontivy, en présence de messire Jérome Des Portes, seigneur de Saint-Nudec, et noble homme Louis Ꝃléro, avocat en la cour, parent et ami des dits futurs. La minute, signée des parties contractantes de Claude, Anne du Bahuno, Jacques de Cléguenec, Mathurine de Cléguenec, Louis Ꝃléro, et des dits notaires. »

Ces deux unions furent fécondes. Mais le seigneur de Ꝃorguen fut le premier favorisé par la naissance d'un héritier. Le 29 octobre 1679 naquit François du Bouëtiez de Ꝃorguen qui fut reçu page du roi dans sa grande écurie le 1er de mai de l'an 1697.

Il n'est pas sans intérêt de peindre en passant quelques renseignements de ce qui est nécessaire et de ce qu'il en coûte pour l'entretien d'un page du roi dans sa grande écurie.

Il faut que la famille du gentilhomme que l'on désire faire élever page du roi, demande ou fasse demander une place à monseigneur Charle-Eugène de Lorraine, prince de Lambesc, duc d'Elbœuf, pair et grand écuyer de France.

Pour être admis au nombre des pages, il faut être d'une noblesse ancienne et militaire, au moins depuis l'an 1550.

Les titres de noblesse doivent être examinés par M. le président d'Hozier.

Le gentilhomme agréé doit fournir les blazons bien expliqués et figurés des armes de sa famille.

C'est au renouvellement de la livrée que les pages entrent ordinairement. Pour être reçus, il faut qu'ils soient bien faits, de la taille de cinq pieds deux pouces à l'âge de 15 à 16 ans et d'une belle figure. Le roi ayant eu la bonté, porte l'ordonnance de soulager la noblesse des frais de 1,200 livres qui se payaient pour chaque entrée de page ; les parents ne seront dorénavant chargés que de la pension qu'ils fournissaient annuellement pour les besoins et même entretien du page ; les trois années seront payées d'avance en une seule somme de 1,800 livres.

Il se paye encore 100 livrés pour les fournitures de fleurets, chaussons, piques, mousquets.

Il faut que chaque page apporte un couvert d'argent complet ou paye 30 livres aux garçons des pages qui en fournissent un uniforme ; ces couverts restent aux garçons des pages qui les servent à table.

Il faut apporter une culotte doublée de peau et une veste de drap écarlate qui ne sert que pour monter à cheval au manége.

Il faut se faire faire la première paire de bottes de manége chez le sieur Picard, cordonnier des écuries du roy et des mousquetaires gris qui logent à l'hôtel des Mousquetaires, faubourg Saint-Germain.

L'habit, la veste et la culotte avec lesquels le gentilhomme se présente, appartiennent et restent aux premiers valets en charge.

On ne reste ordinairement que trois ans page. Si le gentilhomme est reçu comme surnuméraire dans un autre temps que la livrée, outre les 815 livres des frais de son entrée, il sera obligé de payer la livrée complète au sieur Barbry, tailleur de la livrée du roy, et il payera le castor bordé d'or uniforme.

Dans une note que j'ai entre les mains, je vois aussi marqué à titre de frais :

150 livres pour la bienvenue avec les anciens pages.

Au sortir des pages, on entrait souvent dans les compagnies de mousquetaires ; c'est ce que fit François du Bouëtiez, comme il résulte du certificat suivant :

« Le 24 décembre 1701, certificat donné à Paris, par le marquis de Vincz, capitaine-lieutenant de la seconde compagnie des mousquetaires de la garde à cheval du roi, et lieutenant-général de ses armées, portant que le chevalier de Kerguen, l'un des mousquetaires de la dite compagnie, avait très-bien servi en cette qualité pendant vingt mois, et qu'ayant demandé son congé absolu, le dit sieur de Vincz le lui avait donné. Signé : de Vincz. »

En même temps que François du Bouëtiez, se trouvaient plusieurs autres Bretons, comme pages du roi, entr'autres messieurs de Lambilly, reçu en 1695, de Botherel et de Farcy, reçus en 1696, de Guer de Pontcallec, Bahuno de Berrien, reçus en 1699.

Du mariage de Jacques du Bouëtiez III, avec Catherine Ermar, naquit le 25 octobre 1682, Jacques du Bouëtiez IV.

L'extrait du registre des baptêmes de la paroisse de Notre-Dame de Paradis, de la ville d'Hennebont, porte que François-Jacques, fils de messire Jacques du Bouëtiez, seigneur du dit lieu, et de dame Marie-Catherine Ermar, sa femme, naquit le 25 octobre, de l'an 1682, le parrain, messire François Perret, chevalier, sénéchal et premier magistrat de la cour royale de Ploërmel, et seigneur de Lézonnet, et la marraine, dame Perrine de Bahuno, dame de Kerguen. Cet extrait signé : Le Guilloux, curé de l'église Notre-Dame du Paradis d'Hennebont.

En 1701, ce même Jacques du Bouëtiez remplaçait son cousin de Kerguen à la cour, et devenait à son tour page du roi. Il fut reçu le 30 mai 1701, sous la charge de monseigneur le comte d'Armagnac, grand écuyer de France. La même année entrait également comme page, un sieur du Bouëxic, et l'année suivante, un Du Plessis d'Argentré.

Il paraît que le repos ne tarda pas à peser à François de Kerguen, car le 23 février 1704, nous voyons une commission de capitaine d'une compagnie donné par le roi à Versailles au chevalier de Kerguen. Ces lettres signées : Louis, et plus bas, par le roi et Chamillart, et scellées.

Quelques années auparavant, Jacques du Bouëtiez avait acheté le 12 mai 1690, 16 livres 13 sous quatre deniers de rente viagère, troisième classe au prix de 300 livres payées comptant.

Cette rente, provenant d'un emprunt de quatorze cent mille livres de rentes viagères émises par la ville de Paris, par édit du mois de novembre 1689.

Le titre de rente fut mis au nom de son fils François, alors âgé de 10 ans. Ce fait indique que dès cette époque il y avait entre la Basse-Bretagne et Paris des relations de toutes sortes, y compris les relations financières.

Jacques du Bouëtiez IV, après avoir fini son temps comme page du roi, revint à Hennebont et trois ans après, il épousait Monique Beschart de Saint-Gilles.

Voici l'extrait du contrat de mariage :

« Contrat de mariage de messire Jacques du Bouëtiez, reçu page du roi dans sa grande écurie, au mois de mai de l'an 1701, chevalier, seigneur du dit lieu, demeurant en sa maison du Bouëtiez, paroisse de Saint-Gilles d'Hennebont, évesché de Vannes, fils aîné, héritier principal et noble de messire Jacques du Bouëtiez, et de dame Marie-Catherine Ermar, sa femme, accordé le 28 d'octobre de l'an 1707, avec demoiselle Monique Beschart, dame de Saint-Gilles, fille de messire Pierre Beschart, seigneur de Saint-Gilles, conseiller du roi, lieutenant-général, civil et criminel à Rennes, et de dame Marie de Robien, sa femme, demeurant à Rennes, rue Saint-Sauveur, par lequel les dits sieur et dame de Saint-Gilles donnent à la dite future leur fille, pour sa dot, la somme de trente mille livres dont vingt-sept mille en trois actes de constitution à prendre entr'autres sur messire Jean de Robien. Ce contrat, passé devant Poirier et Couessart, notaires à Rennes. » (Bibliothèque impériale, fonds d'Hozier, famille du Bouëtiez.)

Le 2 septembre, le registre des baptêmes de la paroisse de Saint-Gilles, porte que le 1er septembre 1708 naquit Jacques du Bouëtiez V, fils de messire Jacques du Bouëtiez, et de dame Monique Beschart, sa femme. Il fut baptisé le 2 septembre, et eut pour parrain messire Jacques du Bouëtiez, son grand père, et la marraine, Anne de Robien, dame de Saint-Gilles, sa grand'mère.

Un extrait de ces registres fut délivré le 27 du mois de février 1725, signé le Poézat, curé de l'église de Saint-Gilles, et légalisé le 28 du dit mois par Charle Bréart, escuyer, sieur de Boisanger, conseiller du roi, sénéchal et premier magistrat de la cour et sénéchaussée royale de Hennebont.

Jacques du Bouëtiez III, et sa femme, Catherine Ermar étant décédés, il fut procédé au partage des biens le 10 du mois d'octobre de l'an 1715 :

« Partage noble de la succession de messire Jacques du Bouëtiez, et de dame Marie-Catherine Ermar, sa femme, donné le 10e jour du mois d'octobre de l'an 1715 par messire Jacques du Bouëtiez, leur fils aîné, héritier principal et noble, chevalier, seigneur du dit lieu, demeurant dans son château du Bouëtiez, paroisse de Saint-Gilles à messire Joseph-Hyacinthe du Bouëtiez, son frère puiné, seigneur de Kflan et capitaine dans le régiment d'infanterie de Brie, étant lors en quartier à Condé en Flandre, par lequel le dit sieur du Bouëtiez donne au dit sieur de Kflan, son frère, tout ce qu'il pouvait prétendre, tant dans la dite succession que dans celle de leur sœur, religieuse professe, la terre et seigneurie de Ksené avec droit de fief, et la maison noble de Pénanvern, ainsi qu'il avait été réglé par Vincent Laigneau, sieur de Villeneuve, conseiller et procureur du roi à Hennebont, comme ayant été nommé par eux pour seul arbitre du dit partage. »

François du Bouëtiez, l'ancien mousquetaire, s'était aussi marié; nous trouvons en effet dans un rapport de d'Hozier :

« Contrat de mariage de François du Bouëtiez, seigneur du Quellenec, héritier principal et noble de Jacques du Bouëtiez, chevalier, seigneur de Korguen, et de demoiselle Perrine du Bahuno, sa femme; accordé le 14 d'octobre de l'an 1715, avec demoiselle Marie Briand, fille de Jacques-Bonaventure Briand, seigneur du Stang, et de demoiselle Marie-Julienne de Vaultier; ce contrat passé devant Simon, notaire à Quimperlé. »

Cette famille Briand était fort nombreuse, et indépendamment de la branche des Briand du Stang qui habitaient dans la paroisse de Clohars-Carnoët, il y avait encore les Briand de Kvagat, les Briand de Penguélen, et les Briand de Laubrière; leurs armoiries étaient des plus honorables :

« D'argent au sautoir d'azur, accompagné de quatre roses de geules, et pour devise : *Sans détour.* »

De cette union naquirent plusieurs enfants, comme le prouvent les extraits suivants des registres des baptêmes de la paroisse de Notre-Dame du Paradis :

« Du 25 janvier 1720.

ORIGINAL EN PAPIER.

« Extrait du registre des baptêmes de la paroisse de Notre-Dame du Paradis, dans la ville de Hennebont, évesché de Vannes, portant que Jean-Joseph, fils de messire François du Bouëtiez, chevalier, seigneur du Quellenec, et de dame Marie Briand, sa femme, naquit et fut baptisé le 25 de janvier de l'an 1720.

» Parrain, le chevalier du Bouëtiez, capitaine; la marraine, demoiselle Marie-Josèphe Briand, dame du Stang, assistés de Jacques du Bouëtiez de Korguen, et de Françoise du Bouëtiez. »

Cet extrait, délivré le 29 de décembre de l'an 1735, signé : Mathurin Le Paillou de Villéon, recteur de Hennebont, et légalisé par Charle Bréart, escuyer, seigneur de Boisanger, conseiller du roi, sénéchal et premier magistrat en la cour et sénéchaussée de Hennebont, de Port-Louis et d'Orient.

Puis, en voici un second :

« L'an de grâce 1721, le quinzième jour du mois de décembre, je soussigné, vicaire d'Hennebont, ai administré les cérémonies du baptême à un fils né le vingt novembre dernier du légitime mariage de messire François du Bouëtiez, seigneur du Quellenec, et de dame Marie Briant, dame du Quellenec, ses père et mère, le dit enfant ayant été cadoyé par moi le dit jour de sa naissance, par permission de l'ordinaire ; on lui a imposé le nom de René-François ; a été parrain, messire François Geffroy, seigneur de la Ville-Blanche, conseiller du roi en son parlement de Bretagne, et marraine, dame Catherine Le Maguer, dame du Liscouët, et ont signé plusieurs autres personnes de considération.

» Ainsi signé : Catherine Le Maguer ; Geffroy de la Ville-Blanche ; Michel Briant ; du Bouëtiez du Quellenec, etc., et le Febure de La Jaillerie, vicaire d'Hennebont. »

Enfin le troisième extrait porte :

« Extrait du registre des baptêmes de l'église paroissiale de Notre-Dame de Paradis de la ville d'Hennebont, évesché de Vannes, portant que Vincent-Caradec du Bouëtiez, fils de messire François du Bouëtiez, chevalier, seigneur du Quellenec, et de dame Marie Briand, sa femme, naquit et fut baptisé le 16 de mai de l'an 1724 ; le parrain fut messire Vincent de Broël, chevalier, seigneur de Ꝁlivio, et la marraine, demoiselle Françoise du Bouëtiez de Ꝁorguen. »

En 1724, l'année même de la naissance de Vincent-Caradec du Bouëtiez, une de ses tantes se fit religieuse.

Constitution de rente faite le 23 de juin de l'an 1724, au profit des religieuses du monastère de la Charité à Vannes, par François du Bouëtiez, chevalier, seigneur du Quellenec, fils aîné, héritier principal et noble de Jacques du Bouëtiez, seigneur de Ꝁorguen, et de dame Perrine du Bahuno, sa femme, pour la dot religieuse de Mathurine du Bouëtiez, sa sœur ; cet acte, reçu par le Piavou, notaire à Vannes.

En 1726, aveu et dénombrement des lieux et manoir noble de Ꝁgleau, situés dans la paroisse d'Issignac, et se mouvant des fiefs de Léon et vicomté de Plouhinnec, donnés le septième du mois d'août de l'an 1726, à haut et puissant Charle de Rohan, prince de Guémené, duc du Montbazon, pair de France, par François du Bouëtiez, chevalier, seigneur de Ꝁorguen et de Quellenec; cet acte, reçu par Bossu et du Perrenno, notaires en la juridiction des fiefs de Léon et vicomté de Plouhennec.

En 1725, Jacques-Pierre du Bouëtiez, fils de Jacques du Bouëtiez et de demoiselle Monique Beschart, dame de Saint-Gilles, fut agréé comme page du roi, en même temps que deux autres Bretons, les sieurs de Sesmaisons et de Botherel.

Quelques années plus tôt, en 1720, un cousin de Jacques du Bouëtiez IV, messire Jean-Baptiste Desportes, chevalier, seigneur de Saint-Nudec, était mort laissant pour unique héritière demoiselle Charlotte Desportes, dame de Saint-Nudec, sa fille.

Son oncle, Jacques du Bouëtiez lui fut donné pour tuteur, mais ce dernier étant mort lui-même vers 1730, ce fut son fils Jacques du Bouëtiez V qui, en 1733 rendit compte tant pour lui que pour dame Monique du Bouëtiez, dame de Broël, et damoiselles Anne et Mathurine du Bouëtiez, ses sœurs puinées, enfants et héritiers de messire Jacques du Bouëtiez, chevalier, seigneur du Bouëtiez, tuteur été de damoiselle Charlotte Desportes de Saint-Nudec, fille et unique héritière de messire Jean-Baptiste Desportes, chevalier, seigneur de Saint-Nudec, et de dame Marie-Catherine de Ksaingily.

M. de Korguen assistait Jacques du Bouëtiez dans la reddition qu'il faisait de ce compte à sa cousine, sa future épouse qu'assistait son oncle et curateur, M. de Pluvié de Ménéhouarn.

Ce compte de tutelle présente d'autant plus d'intérêt qui établit d'une façon fort exacte la position de fortune de la demoiselle Desportes, future dame du Bouëtiez.

L'article 1er constate que la vente du mobilier du feu seigneur de Saint-Nudec monta à la somme de 3,310 livres 18 sols.

L'article 3, que le tuteur messire du Bouëtiez a touché 475 livres de rentes convenancières pour l'année 1720.

Cette même année, la terre de Saint-Nudec est louée avec ses dépendances pour 8 ans à raison de 1905 livres par an à messires du Leslé et de Villéon.

Le compte mentionne qu'en 1728 au mois de février, Joseph Desportes, grand oncle de Charlotte Desportes étant venu à mourir, sa succession fut recueillie pour son compte par son tuteur.

Rien que le mobilier de cette succession fut vendu pour le prix de 3121 livres 11 sols 6 deniers.

Dans cette vente dont nous avons tous les objets et tous les prix et qui eut lieu les 26, 27, 28 juillet 1728, je relevai les articles suivants à titre de renseignements sur ce qui se trouvait dans la maison du défunt, située sur la grande place d'Hennebont :

« Un chauffe-lit vendu à M. de Broël 35 sols ; une grande table servant de buffet avec un tapis de Turquie à mademoiselle Le Sage 25 livres ; une armoire à deux battants avec sa clef et clavière adjugée à M. le recteur de Saint-Caradec 20 livres ; un miroir de cuivre doré à M. l'abbé Perreault 11 livres 5 sols ; deux fauteuils de point avec leurs couverts de serge rouge à M. Perreault 26 livres 5 sols ; trois vieilles pièces de tapisserie de Bergame adjugées à La Lépine 4 livres 2 sols ; la bible adjugée à la commune pour 50 sols ; une couchette, sa couette et sa couverture à madame de La Béraye 16 livres ; un carreau de velours à la même 8 livres ; un sophat avec son couvert 66 livres ; tout ce qu'il y a d'étain de Paris pesant 90 livres à madame de Villeblanche, à 20 sols six deniers la livre font 92 livres 5 deniers ; un miroir à cadre à M. de Léo 20 livres ; toute la garniture de cheminée en porcelaine 20 livres ; douze douzaines de serviettes à madame de Mauduit 84 livres ; dix douzaines de serviettes à madame de La Forest 60 livres 12 sols ; vingt-sept nappes de lin à madame de Mauduit 37 livres 10 sols ; six linceuls à madame Desportes 24 livres ; une douzaine de draps de lin à madame de Villeblanche 75 livres ; deux pelotons de fil à M. de Perrien 12 sols ; huit draps à madame de Ménéhouarn 34 livres 10 sols ; les huit pièces de tapisserie à M. de Léo 420 livres ; un lit de Damas complet à M. Boisulan 430 livres ; quant à l'argenterie elle fut laissée entre les mains de messire du Bouëtiez et fut estimée 1178 livres. On y voit figurer douze couteaux à dessert à pied d'argent, estimés à raison de 47 livres 5 sols le marc d'argent à 141 livres 15 sols.

» Dans toute la maison, je n'ai pu trouver que deux miroirs, les glaces n'étaient pas encore fort répandues ; peut-être cependant il y en avait-il un plus grand nombre, mais encastrées dans les boiseries. »

Le total de la recette du compte se montait à 2,988 livres.

Mais les dépenses faites compensaient à peu près les revenus touchés, il n'en restait pas moins une magnifique propriété, la terre de Saint-Nudec, et un grand nombre de tenues convenancières.

Le compte fut approuvé par les parties, avec l'assistance de leurs curateurs respectifs, messire de Kerguen, et messire de Ménéhouarn.

Ceci se passait en 1733; trois ans plus tard, Jacques du Bouëtiez V épousait sa cousine, mademoiselle Charlotte Desportes, dame de Saint-Nudec. Nous n'avons pu nous procurer ce contrat de mariage; le seul document que nous possédions est un extrait d'un registre de mariage que d'Hozier cite dans un de ces rapports :

« Extrait du registre des mariages de la ville et paroisse du Faouët, évesché de Quimper, portant que messire Jacques-Pierre du Bouëtiez, seigneur de Kerlain, capitaine au régiment de Navarre, et demoiselle Charlotte-Jacquette Desportes, dame de Saint-Nudec, fille mineure de défunt Jean-Baptiste Desportes, et de dame Marie-Catherine de Kersaingily, seigneur et dame de Saint-Nudec reçurent la bénédiction nuptiale, en conséquence de la dispense du quart degré de consanguinité accordé par monseigneur l'évêque de Vannes le 4 avril 1736, le 9 avril 1736. »

De ce mariage naquirent plusieurs enfants dont nous donnons immédiatement les noms :

2 fils : Jacques, François du Bouëtiez;

3 filles : Anne, Thérèse-Charlotte, Marie-Jacquette du Bouëtiez.

Nous reviendrons plus tard sur la destinée de chacun de ces enfants, ainsi que sur celle du père.

En 1739, le 18 janvier, Thérèse du Bouëtiez de Kerguen, religieuse de la Joie fut nommée abbesse de cette abbaye noble fondée en 1276, située tout près d'Hennebont, et relevant de la grande règle de Citeaux.

L'abbesse de ce monastère avait haute et basse justice sur les terres dépendant de l'abbaye, portait l'anneau pastoral et se faisait précéder de la crosse. Dans les actes, l'abbesse était qualifiée de dame noble et vertueuse.

La dernière abbesse de cet établissement célèbre fut Magdelaine-Clotilde de La Bourdonnaye.

Nous n'avons aucun document sur les faits et gestes de l'abbesse de la Joie, dont un portrait placé autrefois au parloir du couvent existe encore dans notre famille.

En 1741, Vincent-Caradec du Bouëtiez, fils de François du Bouëtiez, chevalier, seigneur du Quellenec, et de dame Marie Briand, sa femme, fut reçu page de Son Altesse sérénissime monseigneur le duc.

La même année, son cousin, messire de Pluvié de Ménéhouarn était aussi reçu en la même qualité.

Revenons à Jacques-Pierre du Bouëtiez, entré page du roi le 1er avril 1725.

Il avait rejoint en 1728 le régiment de Navarre en qualité de lieutenant; en 1733, il servait avec ce grade dans son régiment qui faisait partie du corps d'armée, commandé par le maréchal Berwick.

La France, l'Espagne et la Sardaigne avaient déclaré la guerre à l'Autriche.

Pendant que Villars franchissait les Alpes, Berwick investissait le fort de Kehl. Jacques-Pierre du Bouëtiez fut légèrement blessé au siége de cette forteresse qui se rendit le 28 octobre 1738, et nommé capitaine au même régiment, fit en cette qualité le reste de la campagne.

Il se retira dans ses foyers après la paix de Vienne, signée en 1736.

Il avait obtenu de se faire remplacer dans le commandement de sa compagnie par le chevalier du Bouëtiez qui prit part aux guerres de la succession d'Autriche, et finit par être tué glorieusement à la tête de cette même compagnie à la bataille de Dettingen. L'on sait que les Français, sous les ordres du maréchal de Noaille tenaient tête aux Anglo-Allemands, commandés par Georges II.

Noaille avait réussi à prendre l'armée ennemie dans une impasse; elle allait être détruite, quand tous les habiles plans du général en chef furent renversés par suite de l'imprudence du duc de Grammont qui partit comme un fou avec sa division, et empêcha l'artillerie de produire son effet; ce fut dans cette charge que le chevalier du Bouëtiez, capitaine au régiment de Navarre fut tué.

Le 9 octobre 1751, Jacques Pierre du Bouëtiez recevait une commission signée Louis, et portant:

« Louis, par la grâce de Dieu, roi de France et de Navarre:

» A notre féal et bien-aimé le sieur du Bouëtiez, salut. Par notre ordonnance du 4 novembre 1734, nous aurions ordonné que les capitaines des compagnies détachées des milices garde-costes de notre royaume seraient à l'avenir pourvues par nous nonobstant ce qui est porté en notre règlement du 28 janvier 1716, et ayant fait choix de votre personne pour remplir la place de capitaine d'une compagnie détachée d'infanterie, dite de Languidic, de la capitainerie garde-coste de Port-Louis. La dite compagnie, tirée des habitants de la paroisse de Languidic, sur les bons témoignages qui nous ont été rendus de votre capacité et expérience au fait des armes et fidélité à notre service. A ces causes et autres, à ce nous mouvant, nous vous avons commis, ordonné et établi et par ces présentes, signées de notre main; commettons, ordonnons et établissons capitaine de la dite compagnie détachée d'infanterie, etc. Enregistré au greffe de l'amirauté de Vannes, le 27 janvier 1752. »

Dans le courant de cette même année, le capitaine du Bouëtiez obtint de l'avancement, et le 10 septembre 1752, nouvelle commission portant :

« Louis, etc., estimant nécessaire de remplir la charge de major de la capitainerie de garde-coste du Port-Louis, vacante par la promotion du sieur Mauduit de Kflean à la place de capitaine de la dite capitainerie, nous avons cru ne pouvoir faire un meilleur choix que vous, étant informés de votre capacité, etc., commettons, ordonnons et établissons le sieur du Bouëtiez, major garde-coste de la capitainerie du Port-Louis. »

Ces garde-costes qui étaient destinés à jouer le rôle des volontaires anglais de nos jours avaient une organisation complète. Voici quelques articles du règlement qui les régisssait :

« Il y aura dans chaque capitainerie un capitaine, un major et un lieutenant. Les dits officiers garde-costes seront exempts de tutelle, curatelle et autres charges de ville, et ce service leur tiendra lieu de celui qu'ils pourraient rendre dans les armées, et pourront dans les occasions être reçus dans l'ordre de Saint-Louis.

» Les capitaines garde-costes feront faire un rôle général de tous les habitants depuis l'âge de 18 ans jusqu'à 60 (sans qu'aucun matelot puisse y être compris), pour servir au guet et garde de la coste, et de ce rôle ils en tireront le nombre qui sera jugé nécessaire pour en former les compagnies détachées.

» En temps de paix, les capitaines garde-costes feront la montre et revue des habitants qui sont dans l'étendue de leur capitainerie, deux fois l'année, en mai et en novembre.

» Dans ces visites, ils assembleront les capitaines, lieutenants et enseignes, pour savoir d'eux l'état de leurs compagnies. Ces états seront dressés par les officiers, et sans détourner les habitants de leur ouvrage.

» Ces visites seront annoncées au prône quelques jours auparavant, et on sonnera la cloche lorsqu'elles commenceront afin que les habitants qui auront des plaintes à faire contre leurs officiers puissent venir les faire librement aux capitaines garde-côtes qui pourront par provision, interdire ceux qui se trouveront en faute. »

On ajoute :

« Toutes les paroisses situées sur le bord de la mer, ou à la distance de deux lieues dans les terres, seront sujettes au guet et garde.

» Les habitants des dites paroisses seront tenus d'avoir en tout temps chez eux un fusil, une bayonnette, un porte-bayonnette, un fourniment avec le cordon, une demi-livre de poudre et deux livres de balles, à peine de cent sols d'amende. Ils auront soin de se trouver exactement aux revues et aux exercices pour s'instruire sur ce qu'ils auront à faire tant pour le maniement des armes, que pour savoir les postes qu'ils doivent occuper en cas d'alarme.

» Tout soldat de compagnie qui aura servi durant vingt années de guerre, et qui justifiera par des certificats de ses officiers qu'il s'est distingué dans quatre occasions, sera exempt de tailles le reste de sa vie, et s'il a servi 30 ans, il aura son congé absolu.

» Les paroisses sujettes au guet et garde, seront exemptes de fournir des hommes pour les milices de terre.

» En temps de guerre, pour faire passer les avis avec plus de diligence et de facilité dans tous les endroits où il faudra les faire passer, il sera établi de paroisse en paroisse des messagers à pied qui seront à toute heure du jour et de la nuit, en état de faire passer d'une paroisse à l'autre les paquets qui leur seront apportés. Leurs payements seront réglés par l'intendant. »

Quelques années plus tard, Jacques-Pierre du Bouëtiez fut nommé capitaine général garde-côtes de la capitainerie du Port-Louis. Voici en effet la copie d'une pièce qui indique qu'il avait été promu à ce nouveau grade :

« Nous, Jacques-Pierre, chevalier, seigneur du Bouëtiez, capitaine général garde-côtes de la capitainerie de Port-Louis, étant nécessaire de pourvoir à la place de capitaine de la paroisse de Plœmeur, des milices garde-côtes de la capitainerie de Port-Louis, et étant informé de la capacité, expérience, fidélité et affection au service du roi qui se trouvent en la personne du sieur Joseph Le Boulbar, nous l'avons nommé et commis pour la dite place de capitaine de Plœmeur, etc. Hennebond, 1er janvier 1758.

» Il y a des inspections générales tous les ans. En 1761, c'est le comte de

La Noue qui en est chargé, et qui écrit à ce sujet une longue lettre au capitaine général de Port-Louis ; il lui fait nombre de recommandations, et entr'autres la suivante qui ne manque pas d'une certaine originalité :

» S'il n'y a point d'entrepôt pour le tabac dans le lieu de notre assemblée, M. le major voudra bien se pourvoir et faire venir de l'entrepôt prochain 47 livres de tabac de cantine qui font la fourniture des 500 hommes pendant trois jours, à demi-once par jour.

» L'inspecteur est au mieux avec ses capitaines généraux, et au besoin il s'emploie pour les uns et pour les autres. Dans une lettre du 20 juillet 1762, adressée à M. le comte du Bouëtiez, il ajoute après s'être entretenu du service : M. de Parthenay, chef de bataillon de Saint-Brieux, que vous avez vu au Bouëtiez a un procès qui va se juger à Hennebond. C'est le sieur Bocherel qui est son procureur, et qui vous expliquera de quoi il est question. L'affaire est appointée, et au rapport de votre sénéchal, je vous demande, ainsi qu'à MM. du Plessis et de Kgorguen, de vouloir bien solliciter ce sénéchal en faveur de M. Parthenay qui est un honnête garçon à tout égard, et un très-excellent et exact officier. »

Leurs relations sont même très-affectueuses; le 3 novembre 1764, le comte de La Noue écrit :

« J'ai l'honneur de vous adresser, mon cher commandant, l'extrait de ma dernière revue. Permettez-moi de vous demander pourquoi je n'ai pas reçu le résumé des assemblées de juillet et août. M. de Mauduit du Plessis étant absent pour son procès, que par parenthèse il vient de m'annoncer perdu à Ploermel, notre ami de Kgorguen aurait dû m'envoyer ce résumé, etc.

» Comme on le voit par cette dernière lettre, il y avait un M. de Kgorguen qui occupait le rang de lieutenant garde-côte dans la capitainerie. Le major, était M. de Mauduit du Plessis.

» Cette capitainerie, que commandait le comte du Bouëtiez était fort importante. Il résulte d'un document que nous avons sous les yeux qu'elle comprenait : Carnac, Plouharnel, Erdeven, Belz, Mendon, Locoal-Auray, Landaul, Landévant, Riantec, Plouhinec, Branderion, Nostang, Hennebond, Merlévenez, Kvignac, Saint-Gilles, Languidic, Caudan, Saint-Caradec, Plœmeur. Le personnel était d'un peu plus de 3,000 hommes.

» Le siége de capitainerie était Hennebond, et non plus Port-Louis. »

Il parait que le capitaine général était en bonnes relations avec le gouverneur de la province, car nous trouvons adressée à M. le comte du Bouëtiez, capitaine général garde-côtes, une lettre du 31 décembre 1768, disant :

« Je suis très-sensible, monsieur, aux nouvelles marques que vous voulez bien me donner dans le renouvellement d'année, des sentiments que vous m'avez témoignés dans toutes les occasions. Recevez-en tous mes remerciements, et soyez bien persuadé du désir que j'ai de vous prouver ceux avec lesquels je serai toute ma vie plus que personne, monsieur, votre très-humble et très-obéissant serviteur.

» Signé : le duc D'AIGUILLON. »

Puis, le 31 janvier 1769 :

« J'ai reçu, monsieur, avec la lettre que vous m'avez écrite le 17 de ce mois, les deux feuilles de désignations qui y étaient jointes. J'ai en conséquence présenté au roi les sujets que vous me proposez pour remplir les lieutenances vacantes dans la capitainerie à la tête de laquelle vous êtes ; à l'égard des trois commissions d'officiers du guet, je les ai approuvées, et vous les renvoie ci incluses.

» Ce sera avec plaisir que j'autoriserai M. le chevalier du Bouëtiez à toucher la pension qu'il a sur les Etats de Bretagne ; je vous prie d'être persuadé, monsieur, de toute l'estime que j'ai pour vous.

» Signé : J.-M. DE BOURBON. »

C'était l'amiral de France, grand chef de toutes les milices. Cette pension dont il est parlé, est celle d'Anne du Bouëtiez qui l'avait gagnée au combat de Saint-Cast.

Pendant 10 ans, la correspondance n'est remplie que par les comptes-rendus des revues annuelles, par les changements d'officiers et la crainte dans laquelle on se trouve de voir des modifications introduites.

Enfin, on désarme les garde-côtes, comme il résulte d'une lettre datée de Vannes du 10 mai 1777, et adressée à M. le comte du Bouëtiez, en son château près Hennebont :

« Monsieur,

» J'ai été prévenu comme vous l'avez été par M. Dubodan, subdélégué de l'intendance ; il m'a communiqué la lettre qu'il a reçue au sujet de notre désarmement, etc.

» Si nous avions eu un inspecteur un peu plus actif, cela ne serait pas arrivé ; il a trop compté sur son crédit. M. d'Aulitterre m'a envoyé une ordonnance du roi, qui règle le temps qu'il faut aux officiers garde-côtes pour obtenir la croix de Saint-Louis. Le terme est de trente ans ; cependant on compte les années doubles pendant la guerre. Cette lettre était écrite par M. de La Chapelle, capitaine des garde-côtes à Vannes. »

Cette croix de Saint-Louis, ambition de tous les gentilshommes, le commandant du Bouëtiez finit par l'obtenir en 1778.

Revenons maintenant en arrière, et voyons ce qui s'est passé depuis le commencement du siècle dans le reste de la famille.

René François du Bouëtiez, sieur de Kerguen, capitaine d'infanterie au régiment de Rouergue, fils de François du Bouëtiez, seigneur du Quellenec, et de dame Marie Briand, épousa Marie-Françoise de Couessin, dame de La Béraye.

Cette jeune fille avait pour père le chevalier de Couessin de La Béraye qui, au commencement du siècle, avait pris une part fort active à la conspiration du marquis de Pontcallec. M. de La Borderie le cite même comme ayant été avec M. de Lambilly et M. de Talhouet de Bonamour, les principaux instigateurs de ce complot qui finit comme on sait par la décapitation de MM. de Pontcallec, de Montlouis, de Talhouet et du Couédic. Plusieurs autres gentilshommes, également condamnés à mort, furent exécutés en effigie. Parmi ces derniers se trouvait le père de la future dame du Bouëtiez, le chevalier de Couessin de La Béraye qui s'échappa et gagna l'Espagne en compagnie de MM. de Lambilly, de Lantivy du Crosco, de La Boissière, de Kpédron, et d'un grand nombre d'autres conjurés des plus compromis.

D'un autre côté, messire Louis-Joseph-François-Ange-Pierre-Hyacinthe Du Buat, chevalier, seigneur de La Hubardière et autres lieux, avait épousé dame Thérèse-Charlotte du Bouëtiez, l'une des filles du capitaine général garde-côtes.

L'autre, Marie-Jacquette du Bouëtiez, était devenue l'épouse de messire Pierre-Jean de Baud, chevalier, seigneur de Kmain.

C'est ce dernier qui, en 1746, lors de l'attaque de Lorient par les Anglais, se signala dans la défense de la ville ; un autre gentilhomme, M. de Couessin de La Béraye, frère de madame du Bouëtiez, fut également mis à l'ordre du jour. Il est probable que l'ancien capitaine au régiment de Navarre, Jacques-Pierre du Bouëtiez, beau-père de M. de Kmain, dut prendre une part active à l'expédition. Dans le récit de la *Chronique lorientaise*, de M. Mancel, voici ce qui est dit à ce sujet :

« Pendant qu'on fortifiait Lorient, le pays entier se soulevait. Les gentilshommes des environs réunissaient les milices, et accouraient avec une ardeur toute bretonne. MM. de Tinténiac, de La Bérayo, le chevalier de Kmain, trente autres rivalisaient de zèle. »

Plus loin : « les troupes de la garnison, qui ne consistaient qu'en 300 hommes du régiment de Besson et quelques compagnies de cavalerie, occupaient le quartier le plus éloigné de l'ennemi près de l'hôpital ; toute la partie de l'ouest et du midi de la ville était défendue par les milices composées pour la plupart de paysans bas-bretons.

» Tandis que la chamade était battue dans la partie nord, les tambours de la milice battaient la charge. On assure que l'ordre en fut donné par MM. de Tinténiac et de La Bérayo. Interrogés sur cette différence, ils répondirent que leurs hommes n'avaient pas compris, qu'ils n'entendaient que le breton. »

Voici, au surplus, un récit détaillé du siége fait par un lieutenant garde-côte, par le sieur Durand et qui a trait aux actes de ces deux seigneurs :

« Le trente septembre 1746, l'escadre anglaise commandée par l'amiral Lestock parut à la pointe occidentale de l'île de Groix ; elle louvoya tout le jour avec les vents du N.-O. pour s'approcher de la côte, entre la pointe du Talut et l'embouchure de la rivière de Quimperlé ; elle était composée alors de 44 voiles ; elle jeta l'ancre à l'entrée de la nuit à une portée de canon du rivage.

» Comme les troupes destinées à garder la côte en avaient été congédiées le 15 septembre, les premiers soins des capitaines et des officiers fut de les y rassembler ; on leur envoya des magasins de Lorient les munitions nécessaires avec deux pièces de canon de fonte de six livres de balles ; malheureusement cette précaution fut inutile, les garde-côtes de cette province n'étant pas assujettis à se munir des fusils du calibre des autres troupes, les cartouches ne purent servir ; de sorte que la plupart se virent hors d'état de tirer.

» On travailla en même temps à Lorient à tout ce qui pouvait contribuer à la défense de la ville ; sa situation sur une péninsule ou langue de terre environnée de la mer du côté du septentrion, de l'Orient et du midi, rend ces différentes parties d'un difficile accès à l'exception de deux endroits que l'on peut passer de mer basse.

» La partie occidentale est fermée d'une simple muraille de pierres nouvellement élevée et encore imparfaite ; elle est flanquée de deux tourelles et terminée par deux demi-bastions, et le rempart n'est point encore achevé. On y fit établir avec toute la diligence possible, plusieurs plates-formes pour les batteries, et le canon y fut conduit de l'arsenal de la Compagnie de même que les munitions ; MM. Saint-Pierre, ingénieur, Guillois et Vignon, architectes des travaux de la Compagnie, furent chargés de la disposition générale de cet ouvrage, et les capitaines des vaisseaux préposés pour commander les batteries les firent exécuter.

» Le samedi, 1er octobre, dès le matin, on vit les ennemis faire les préparatifs du débarquement, et il leur arriva encore sept bâtiments de transport ; les vents soufflaient de la partie du Nord, la mer n'était point agitée, de sorte qu'ils pouvaient aisément aborder la côte.

» Le principal détachement de la garde-côte, composé d'environ 900 hommes était posté au Lock, où l'on prévoyait que les ennemis auraient mis pied à terre. On avait placé sur la gauche environ 300 hommes, ventre à terre, attendu qu'il n'y avait aucun retranchement pour les couvrir.

» A 4 heures après-midi, heure de la pleine mer, les ras et les chaloupes des Anglais remorqués par les canots des vaisseaux s'avancèrent vers le rivage, soutenus de l'artillerie de 4 frégates qui s'étaient approchées à demi-portée de canon du bord.

» Les ennemis qui s'étaient aperçus de notre disposition, au lieu de débarquer au Lock voguèrent vers la gauche vis-à-vis des 300 hommes. Ceux-ci prirent aussitôt la fuite, et leur exemple fut suivi par le principal détachement, malgré les soins que se donnèrent leurs officiers pour les arrêter et les rallier. Les Anglais, au nombre de 4,500 hommes mirent pied à terre sans rencontrer aucun obstacle ; ils marchèrent vers la plaine et y formèrent un bataillon carré.

» Quatre compagnies des dragons du régiment de l'Hôpital, commandés par leur colonel, et trois compagnies de cavalerie du régiment Deudicourt qui devaient soutenir la garde-côte, se contentèrent d'être spectateurs de leur déroute, et se réfugièrent à Lorient avec eux, suivis d'un grand nombre de paysans des villages circonvoisins ; la précipitation de leur retraite ne leur permit pas vraisemblablement de remarquer que le terrain leur offrait en plusieurs endroits des défilés bien retranchés, où ils auraient facilement pu arrêter l'ennemi.

» Le comte de l'Hôpital prit ce jour le commandement de la place, en l'absence du comte de Volvire, commandant de la Haute-Bretagne.

» Le premier soin des ennemis fut de s'emparer du bourg de Guidel, éloigné de trois quarts de lieue de l'endroit du débarquement ; ils se contentèrent d'y placer un détachement de 150 hommes. Sous cette simple garde, M. de Saint-Clair, le colonel major, deux autres colonels, et environ 25 à 30 officiers, y prirent leur logement. Tandis qu'ils soupaient fort tranquillement dans le presbytère, 5 à 600 paysans armés de fusils et de fourches, et conduits par un sergent de milice, s'approchèrent du bourg et obligèrent la garde avec les officiers de se retirer dans le cimetière ; ils s'y virent bientôt forcés, et contraints de se réfugier dans l'église avec le recteur ou curé qu'ils avaient gardé avec eux ; sur-le-champ, le sergent conseilla aux paysans de les y brûler, et d'y employer un tas de fagots du curé qui étaient tout proche. Cet avis fut goûté des plus déterminés, mais les autres s'imaginant que ce serait un crime des plus énormes les en détournèrent, et toute réflexion faite, contents de leur victoire, ils se retirèrent vers Quéven. Pendant la nuit, le reste des troupes et l'artillerie débarquèrent.

» Le dimanche, 2, les ennemis s'avancèrent au bourg de Plœmeur, éloigné d'une lieue de Lorient ; ils y firent quelques dégâts pour se venger de la résistance de quelques paysans qui s'étaient retranchés dans le cimetière ; l'église ne fut pas exceptée, ils y brisèrent plusieurs images.

» A 8 heures et demie du matin, on amena à Lorient un soldat irlandais qui disait avoir déserté pour s'y réfugier ; il déclara que l'escadre anglaise était composée de 9 vaisseaux de ligne, 6 frégates, 2 galiotes à bombes, et d'environ 36 bâtiments de transport ; que les troupes consistaient en 6 régiments d'infanterie de 1,000 hommes chacun, sous les ordres de M. de Saint-Clair.

» A 3 heures de l'après-midi, l'armée parut sur une hauteur, nommée la lande de Laneveur, distante de deux tiers de lieue à l'occident de la ville ; elle marchait sur trois colonnes et se rangea en bataille dans un vallon au pied.

» La lenteur de leur marche nous fut favorable pour achever les travaux pour la défense, et remédier au mauvais état des fortifications. Il arrivait des milices de toutes parts, auxquelles on distribuait des armes et des munitions, dont heureusement les magasins de la Compagnie se trouvaient fournis.

» Plusieurs paysans ayant paru de bonne volonté pour aller au-devant de l'ennemi, on en fit sortir 400 avec quelques dragons à leur tête; mais sitôt qu'ils virent le nombre des Anglais et leur contenance, ils ne voulurent plus donner et rentrèrent de même qu'un détachement de 200 hommes qu'on avait fait sortir quelque temps après pour les soutenir.

» Le mauvais succès de cette première démarche qu'on aurait dû prévoir, découragea entièrement M. de l'Hôpital et tous les officiers qui composaient le conseil de guerre, et la plupart furent d'avis d'offrir dès lors une capitulation; les remontrances de MM. du Velaer et Godheu suspendirent l'effet de cette délibération précipitée.

» Le lundi, 3, à 9 heures du matin, il arriva un tambour de la part du général anglais pour sommer la ville d'envoyer des députés; cet officier fut reçu avec politesse, et renvoyé avec promesse de satisfaire à sa demande.

» En effet, peu de temps après, on envoya le major du régiment de l'Hôpital en qualité de député pour le roi; M. Le Godheu, pour la Compagnie, et M. de Montigni, procureur du roi, et subdélégué pour les habitants.

» Le colonel-major, qui commandait au camp des Anglais, les reçut poliment; mais on ne put rien arrêter, vu l'absence de M. de Saint-Clair; on convint seulement d'une suspension d'armes jusqu'au lendemain 7 heures.

» Le mardi, 4, nos députés retournèrent au camp; le général qui y était alors leur déclara avec fierté qu'il ne connaissait ni la Compagnie ni les habitants; que la ville et le port étaient au roi de France; qu'il avait ordre du roi, son maître, de les demander à discrétion; que c'était la seule capitulation qu'il voulait accorder; il ajouta: « Le roi de France a obligé les villes » de Gand et de Bruges de se rendre sur le même pied; le roi d'Angleterre » est en droit d'exiger les mêmes conditions. »

» Telle fut la réponse de M. de Saint-Clair avec sommation de lui faire savoir dans trois heures notre dernière résolution; comme on reçut alors la nouvelle de l'arrivée prochaine du comte de Volvire, le conseil de guerre ne délibéra point; on dépêcha seulement un officier de cavalerie au général anglais pour lui déclarer que la ville ne voulait point accepter des conditions aussi dures, il répliqua qu'il attaquerait dès le lendemain.

» A 9 heures du matin, le marquis d'Eudicourt, colonel de cavalerie, et M. de La Berais, commandant de la milice, arrivèrent à Lorient suivis successivement de plusieurs gentilshommes et détachements de milice qui s'y rendaient de toutes parts; de façon que ce jour à midi on pouvait compter dans la place 8,000 hommes de milice avec leurs officiers, 6 compagnies de dragons, 5 compagnies de cavalerie, 300 hommes de la compagnie de Besson, 380 hommes du bataillon du port, 50 canonniers, 200 matelots de l'équipage de la frégate *la Valeur* qui servaient de canonniers sur les batteries, et 200 volontaires.

» M. le marquis de Tintiniac, qui était venu à Lorient dès le lendemain du débarquement des Anglais et qui se portait avec zèle à tout ce qui pouvait contribuer à la défense de la place, proposa et fit placer une batterie de 12 pièces de canons du côté du moulin à eau pour défendre l'endroit des vases par où les ennemis pouvaient aisément passer à mer basse et venir dans la ville; cette précaution était d'autant plus utile que le demi-bastion qui terminait la muraille de ce côté là n'étant point rempli; on ne pouvait y monter du canon.

» Plusieurs officiers, portés pour le bien du service, proposèrent au conseil de guerre une sortie générale. Le succès paraissant d'autant plus assuré que l'ennemi n'était point retranché, et qu'on pouvait en même temps l'attaquer de différents côtés et lui couper la communication du bord de la mer. M. le comte de Kysalu, qui était aux environs de Quéven à la tête de 4,000 hommes de milice, avait envoyé offrir de donner sur l'arrière-garde; il y avait aussi 2,500 hommes du côté du Port-Louis qui n'attendaient que le signal pour les attaquer d'un autre côté; ce sentiment était celui de M. Deschamps, lieutenant de roi du Port-Louis. Malgré cela, et quelqu'avantageuses que fussent ces offres, le conseil de guerre ne les accepta point, et en renvoya la décision au comte de Volvire qui arriva enfin à 3 heures après-midi. On s'était flatté que ce commandant rétablirait le bon ordre, qu'il prendrait des mesures convenables à la situation et à la conservation d'une place d'où dépendait celle de la province; mais en vain, le même esprit qui avait régné jusques là subsistait encore, et prévalut toujours sur les conseils les plus salutaires; alors le murmure devint général, et chacun se persuada qu'il y avait un dessein formé de livrer la province aux Anglais.

» A 9 heures du soir, 40 gentilshommes et autant de volontaires vinrent offrir leurs services; le comte de Volvire les renvoya à Vannes pour y joindre l'arrière-ban.

» Le mercredi, 5, trois ou quatre frégates anglaises ayant été aperçues vers Locmariaker, y causèrent une alarme; on crut qu'elles tentaient une descente à l'entrée de la rivière d'Auray, et cette nouvelle engagea le comte de Volvire à passer au Port-Louis pour y donner des ordres en conséquence; mais peu de temps après on reçut des avis contraires, et le lendemain, ce commandant revint à Lorient.

» Toute la journée fut employée aux ouvrages pour la défense de la place; on comptait 86 pièces de canons de 8, de 12, de 18, et de 24; et la garnison, augmentée de plusieurs détachements de milice, montait alors à 15,000 hommes.

» Les ennemis, de leur côté, étaient occupés à faire traîner du bord de la mer à leur camp 4 pièces de canons et un mortier; la difficulté des chemins en retarda seule le transport, car on se garda bien de les troubler dans cette opération; on se contenta seulement de faire sortir en différents temps quelques petits détachements qui, ne pouvant pas former aucune entreprise, revenaient toujours sans succès.

» Le chevalier de Ꝃmain qui sollicitait depuis deux jours de sortir avec les grenadiers de la compagnie de Besson, en obtint enfin 45; il fut accompagné de 18 dragons, commandés par un lieutenant; ils marchèrent par un défilé vers un détachement des ennemis; à peine étaient-ils au village de Calvin, éloigné d'une demi-portée de canon de la ville, que le lieutenant des dragons refusa de passer outre, et fut se poster derrière le village; le chevalier de Ꝃmain continua d'avancer, et un quart-d'heure après se trouva à portée des ennemis sur lesquels il fit deux décharges de pied ferme; ceux-ci, qui étaient au nombre de 1,500, ne lui répondirent que par quelques coups de fusil pour l'amuser et l'engager plus avant; sitôt que le chevalier de Ꝃmain s'aperçut qu'ils défilaient le long des haies pour l'entourer, il fit sa retraite en bon ordre, et rejoignit le lieutenant de dragons avec lequel il pensa en venir aux mains pour le pas; ils rentrèrent tous deux le soir dans la ville.

» Pendant la nuit, les ennemis établirent une batterie de 4 canons de 12, et d'un mortier de 10 pouces à la droite du village de Ꝃgrois, situé au S.-O. de la ville sur une éminence qui commandait cette partie, et qui n'en est éloigné que d'une portée de boucanier; ils battaient précisément la ville de revers, et il n'y avait que 3 canons des murs qui pussent les incommoder. M. de Saint-Pierre, ingénieur de la Compagnie, avait proposé, dès la veille, d'y placer une batterie retranchée, mais le commandant n'ayant pas voulu lui donner le détachement qu'il demandait pour défendre ce poste, cet ouvrage quelqu'important qu'il fût ne fut point exécuté.

» Le jeudi, 6, dès la pointe du jour, les ennemis commencèrent à tirer; ils jetèrent quelques carcasses et bombes qui firent très-peu de dommages; la précaution qu'on eut d'éteindre le feu à deux petites maisons sur lesquelles les deux premières avaient tombé, empêchèrent le progrès de l'incendie, et les autres ne firent d'autre effet que de blesser 5 ou 6 personnes. Le canon de la place ne cessa pas de tirer sur le retranchement des ennemis, et deux couleuvrines de fonte qui étaient placées sur la terrasse du jardin de M. de Saint-Pierre leur firent beaucoup de dommage; ils cessèrent de tirer le soir, et la nuit se passa fort tranquillement de part et d'autres.

» Vendredi, 7, le feu a recommencé le matin à 7 heures, et notre artillerie n'a discontinué de tirer; celle des ennemis servie à boulets rouges ne nous a pas beaucoup incommodés, il n'y a eu en tout que 5 hommes et une femme tués et autant de blessés; la bombe a percé deux maisons, la porte de l'église, et a fait tomber une cheminée près de l'hôpital de la ville où on avait établi, dès le commencement, le quartier général; cet accident, qui ne méritait pas que l'on y fit attention, y causa l'alarme, et à 4 heures après-midi, quoiqu'il n'y eût pas une pierre de la muraille de dérangée, on a assemblé le conseil de guerre et la capitulation a été signée, malgré les vives représentations de MM. le marquis de Tintiniac et de La Berrais qui protestèrent hautement contre cette honteuse délibération. M. de Vinelle, ingénieur, qui se chargea d'y faire souscrire M. Deschamps, lieutenant de roi du Port-Louis en fut mal reçu, et ce commandant refusa d'y donner son consentement.

» Cette capitulation qui portait en substance que la ville, le port, les magasins de la Compagnie et les vaisseaux seraient livrés à discrétion, et que les troupes du roi auraient la liberté de se retirer, révolta tous les esprits et tout ce qu'il y avait d'honnêtes gens furent d'avis de se sacrifier plutôt que de laisser entrer l'Anglais en ville; ce sentiment devint le sentiment général, et le plus chétif paysan était déterminé à se faire mettre plutôt en pièces que de se voir livré aux ennemis. Suivant toute apparence, il y eût eu le lendemain une cruelle boucherie, sans un événement imprévu qui fit succéder dès le même jour la joie à la tristesse.

» Après la capitulation signée, la difficulté fut de trouver quelqu'un qui voulût se charger de la porter aux ennemis. M. de l'Hopital crut devoir donner dans cette nouvelle occasion des marques de son zèle, et accepta volontiers la commission; et en conséquence, à 8 heures du soir, on donna ordre à chaque commandant des batteries et des milices de ne point tirer ;

l'ennemi sous peine de la vie, quand bien même on les verrait au pied des murs. Une demi-heure après, on fit battre la chamade, et à 9 heures, M. de l'Hopital sortit précédé de deux flambeaux et d'un trompette pour aller à la batterie des ennemis.

» Il est bon d'observer que la chamade ne fut battue que par les dragons et la cavalerie qui étaient postés dans le quartier le plus éloigné des ennemis. Les milices qui montaient à près de 12,000 hommes, composées la plupart de paysans bas-bretons, occupaient le reste de la ville, et se trouvaient les plus proches; les tambours des milices, dont la plus grande partie n'entendaient pas un mot de français, comprirent mal l'ordre, et au lieu de battre la chamade ils battirent la charge (1). Ce bruit confus fut pris par les Anglais pour une sortie générale, et ils le crurent d'autant plus volontiers qu'ils avaient été informés que c'était le sentiment général (2); remplis de cette idée et du peu de succès de leur feu, ils prirent subitement le parti de décamper, et firent sauter leur magasin à poudre qui était à un quart de lieue de leur batterie; ceux qui étaient restés pour enclouer leur canon prirent la fuite dès qu'ils entendirent la trompette qui précédait M de l'Hopital; de sorte que ce colonel n'y trouva personne. Il n'y restait que deux hommes tués dont l'un fut reconnu pour un des principaux officiers d'artillerie, et l'autre un simple soldat, et un veau écorché pendu à un arbre; M. de l'Hopital revint dans la ville très-honteux de sa démarche.

» La joie, au contraire fut générale dans la ville dès qu'on y apprit cette heureuse nouvelle, et chacun s'empressa de courir à la batterie abandonnée; on y trouva 10 à 12 fusils, deux barils de poudre, une grille carrée dans laquelle il y avait 10 boulets rouges, 4 pièces de canons de fer du calibre de 12 avec un mortier de fonte de 10 pouces; le tout était en bon état bien monté, et fut en peu de temps transporté en ville.

» La précipitation de la retraite des Anglais se fit remarquer par le peu de soin qu'ils avaient eu de bien enclouer leurs canons; au moindre effort

(1) Plusieurs personnes assurent que les milices suivirent en cela les ordres de MM. de Tintiniac et de la Berrais. *(Note de l'auteur.)*

(2) Quelques filles de joie qui s'étaient échappées de la ville, s'étant rendues au camp des Anglais, ils ne manquèrent pas de les interroger de l'état où nous étions; elles les assurèrent qu'il y avait au moins 12,000 hommes armés, et qui ne demandaient qu'à sortir et à les combattre. *(Note de l'auteur.)*

le clou sauta, et les pièces furent en très-peu de temps en état de pouvoir servir.

» Le samedi, 8, le matin, on chanta le *Te Deum* en action de grâces de la levée du siége; plusieurs petits détachements qui sortirent pour observer les ennemis rapportèrent qu'ils marchaient en bon ordre vers la côte avec quatre chariots de blessés. Quoi qu'il fut facile de les poursuivre et de les couper dans les défilés et d'en tirer un bon parti, le conseil de guerre ne jugea pas à propos de les faire inquiéter. Les vents qui régnaient de la partie du Sud rendaient la mer agitée, et les empêchèrent de se rembarquer le même jour.

» Nous apprîmes par quelques prisonniers et déserteurs que l'amiral Lestock avait contribué à faire lever le siége; voyant que cette opération qu'on n'avait regardée que comme un coup de main, traînait en longueur, et que les vaisseaux étaient exposés aux vents du Sud et du S.-O., il notifia à M. de Saint-Clair de terminer ou de se rembarquer; M. le chevalier de Kymain sortit avec son détachement de 45 hommes pour harceler l'ennemi.

» Le dimanche, 9, au matin, un corps de 1,500 paysans s'avança vers les ennemis; mais après avoir reconnu qu'ils étaient rangés en bataille sur une hauteur voisine de la mer, ce détachement se trouvant trop faible se retira.

» L'on reçut pendant le jour différents avis de leurs mouvements; les uns assuraient qu'ils se rembarquaient, d'autres, au contraire, qu'ils marchaient vers le Port-Louis; l'on ne sut positivement leur embarquement qu'à 6 heures du soir par deux ouvriers du port et un officier de la garde-côte qu'ils avaient faits prisonniers, et qu'ils n'avaient relâchés qu'après le départ des derniers qui fut à 3 heures après-midi; l'un de ces ouvriers déclara que M. de Saint-Clair l'avait interrogé sur la situation et l'état où se trouvait Lorient; qu'il lui en avait avec fermeté de même que son camarade exagéré les forces; il lui demanda en outre, si un vaisseau de 50 canons pouvait entrer armé dans le port de Lorient; à quoi il avait répondu que cela était impossible puisque les moindres vaisseaux de la Compagnie étaient obligés de charger et de décharger en rade.

» Lorsqu'on fut certain de l'embarquement des Anglais, l'on envoya environ 6,000 hommes de milice sur la côte avec des dragons et de la cavalerie pour s'opposer à une seconde descente.

» Pendant la nuit du dimanche au lundi, les vents qui soufflaient de la partie du Sud empêchèrent l'escadre d'appareiller, et comme il surventa, ils devaient avoir beaucoup d'inquiétude; on proposa au conseil de guerre d'établir une batterie de 18 et de 24 sur la côte dans un endroit que celle des ennemis ne pouvait pas la démonter, d'autant mieux que la mer étant grosse et les vaisseaux dans un continuel mouvement, leur feu ne pouvait faire que très-peu d'effet, une partie de leurs vaisseaux n'étaient qu'à demi-portée et les vents qui les chargeaient en côte ne leur permettant pas de s'en écarter, l'on en aurait indubitablement coulé et dégréé plusieurs.

» Cet avis fut goûté, et un instant après les canons attelés et prêts à partir, lorsqu'il survint des ordres contraires. M. de Volvire craignait, dit-on, qu'il n'eût pris envie aux Anglais de descendre une seconde fois et d'enlever la batterie. On eut beau lui représenter que les vents qui régnaient rendaient la mer si grosse sur la côte, que de 1,000 hommes qui auraient tenté une descente il n'en serait pas réchappé un seul, il ne voulut pas se rétracter; les mêmes vents continuèrent le lundi et le mardi jusqu'au soir.

» Le mercredi, 12, au matin, les vents soufflant du O.-N.-O., les ennemis appareillèrent à l'exception d'une frégate de 36 canons qui y resta jusqu'à midi, et passa dans le canal entre l'île de Groix et la terre ferme hors de la portée du canon de l'un et de l'autre côté; les autres vaisseaux cinglèrent au large de Groix et Belle-Ile, et on les vit entrer dans la baie de Quibéron par la passe des Cardinaux.

» Quoique la situation avantageuse de la presqu'île de Quibéron, qui n'est séparée de la terre ferme que par une langue de sable d'environ 50 toises de largeur fut assez connue pour devenir alors le principal objet de défense, elle fut négligée et imprudemment abandonnée à la garde de 3 à 400 paysans et d'un capitaine de la garde-côte.

» Ce même jour, le vaisseau du roi l'*Ardent*, qui s'était séparé de l'escadre du duc d'Auville, fut chassé par 4 vaisseaux anglais et se réfugia sous Belle-Ile d'où on lui envoya environ 80 hommes pour suppléer à son équipage, dont le plus grand nombre était sur les cadres. Ce vaisseau, n'ayant pu se mettre sous le canon de cette place, fut attaqué le lendemain au matin par 4 ou 5 vaisseaux, et après un combat qui dura jusqu'au soir, il fut obligé de s'échouer sur un banc de sable, situé vers la pointe de Quibéron.

» La flotte anglaise employa le jeudi et le vendredi à louvoyer pour atteindre le mouillage de Quibéron, et elle y jeta l'ancre le vendredi au soir.

» Le samedi, 15, au matin, M. de Saint-Clair envoya sommer le capitaine des garde-côtes qui commandait à Quibéron de lui livrer cette presqu'île à discrétion, et sur le refus que lui en fit cet officier, il déclara qu'il ferait passer au fil de l'épée tous les habitants si on tirait sur ses troupes; cette menace épouvanta les paysans, et malgré les représentations de leur capitaine ils prirent la fuite; de sorte que les ennemis mirent pied à terre et s'emparèrent du village de Locmaria sans y trouver le moindre obstacle; à 4 heures du soir, on fit partir les dragons et la cavalerie avec plusieurs détachements des milices pour secourir Quibéron, mais il était trop tard, et cette précaution devenait inutile.

» On ne devait pas ignorer que les Anglais en étaient en possession depuis 9 à 10 heures du matin; de leur côté, toute l'importance de poste où ils auraient pu mettre tous leurs vaisseaux en sûreté et y passer l'hiver, ils travaillèrent à y faire des retranchements sur la montagne du côté de la langue de sable qui joint Quibéron à la terre ferme, et ils y établirent plusieurs batteries; de cet endroit ils pouvaient nous faire beaucoup de mal et ruiner entièrement le commerce de Lorient, de Nantes, de Bordeaux et de La Rochelle.

» Le 22, nous fûmes agréablement surpris d'apprendre qu'ils avaient abandonné Quibéron, et qu'ils s'étaient rembarqués après avoir brûlé deux ou trois hameaux et encloué le canon; nous sûmes en même temps que la maladie faisait beaucoup de progrès chez eux; leurs vaisseaux appareillèrent le 23 de Quibéron et allèrent mouiller vis-à-vis du Croisic; ils s'emparèrent chemin faisant de deux petites îles, d'Houat et Hœdic, sur chacune desquelles il y avait un petit détachement de la garnison de Belle-Ile.

» Le 26, le général anglais envoya sommer cette île de se rendre à discrétion, accordant seulement sept heures au gouverneur pour se décider; M. le comte de Saint-Cernin lui fit réponse qu'il pouvait venir dans sept minutes s'il le voulait, qu'il était tout prêt à le recevoir; M. de Saint-Clair ne crut pas devoir soutenir sa fanfaronnade. Rebutés enfin du mauvais succès de leur entreprise, les ennemis firent voile pour s'écarter de nos côtes le 29 octobre, et depuis ce temps-là on ne vit plus aucun des vaisseaux de cette flotte y reparaître.

» Le 30 octobre, M. le duc de Penthièvre arriva à Lorient; ce prince visita les murailles de la ville et ordonna les nouvelles fortifications; le lendemain il visita la côte et se rendit à l'endroit du débarquement des Anglais. Après avoir examiné cette partie, il continua de parcourir la côte jusques vis-à-vis le Port-Louis où il avait dessein de passer, mais les vents qui soufflèrent de la partie du Sud et du S.-O. avec violence, accompagnés de pluie, l'en empêchèrent. Malgré la tempête, ce prince s'embarqua dans un canot au Knevel et revint coucher à Lorient. Le 3, le vent étant plus modéré, il a passé au Port-Louis d'où il doit aller à Quibéron et là à Rennes. »

Ce n'est pas sans un certain orgueil que nous constatons que parmi les défenseurs de Lorient se trouvaient au premier rang, il y a plus d'un siècle, le mari d'une demoiselle du Bouëtiez, le chevalier de Kmain, et le chevalier de Couëssin de La Berrais, frère d'une dame du Bouëtiez, la propre grand' mère de M. du Bouëtiez, actuellement conseiller général du Morbihan.

A Lorient même, la famille du Bouëtiez avait des propriétés. Témoin ce contrat de vente de 1755, 20 avril, entre M. du Bouëtiez et la Compagnie des Indes :

« Par devant les notaires de la juridiction de Lorient, soussignés, avec soumission à icelle, furent présents : messire François du Bouëtiez, chevalier, seigneur de Korguen, capitaine d'infanterie au régiment de Rouergue, héritier principal et noble de messire François du Bouëtiez, chevalier, seigneur de Korguen, son père, demeurant ordinairement en la ville d'Hennebont, paroisse de Saint-Gilles d'une part, et Georges-Nicolas de Godeheu, écuyer, seigneur d'Igoville, directeur de la Compagnie des Indes, commandant au port de Lorient, faisant et stipulant pour la dite Compagnie, d'autre part; lequel dit seigneur de Korguen a par ces présentes, avec garantie à la coutume, vendu, cédé et transporté ce jour à jamais, purement et simplement, au dit sieur d'Igoville, acceptant pour la dite Compagnie, un terrain faisant l'encognure de la rue du Faouëdic et celle du Rempart, près l'Hôtel-Dieu de la ville de Lorient, le dit terrain ayant de face sur la dite rue du Faouëdic soixante pieds, sur la rue du Rempart quatre-vingt-quatorze pieds et au levant cinquante-un pieds, le tout à forfait pour la somme de deux mille six cent quarante livres, sauf à la dite Compagnie à s'arranger avec la veuve Olivier et Le Guéganic, propriétaires du terrain au midi, le dit terrain relevant roturièrement du proche fief de la seigneurie de Lorient, laquelle somme de deux mille six cent quarante livres, le dit seigneur de Kergucn a présentement devant nous, eu et reçu en espèces du cours de ce jour, de la dite Compagnie, par les mains du sieur Bois de l'Agathe, son trésorier, etc. La minute, signée des comparants et des notaires Savigny et Le Guével. »

En 1754, Jacques-Pierre du Bouëtiez voulut faire recevoir son fils, Anne du Bouëtiez, comme chevalier de Malte, et à ce propos nous avons entre les mains, provenant comme beaucoup d'autres pièces des archives départementales du Morbihan, une volumineuse correspondance échangée entre le père du futur chevalier et le secrétaire de l'ordre à Paris, M. de La Croix. Nous en citons quelques-unes pouvant présenter de l'intérêt.

Au mois de décembre 1754, M. du Bouëtiez était allé à Paris comme le prouve la lettre suivante qui lui est adressée, ainsi que toutes celles que nous allons citer par ce même M. de La Croix :

« Paris, ce 24 décembre 1754.

» Monsieur,

» Vous êtes bien le maître de m'adresser tous les titres que vous avez rassemblés, quand il vous plaira. Je suis très-disposé à les recevoir. Vous pouvez, monsieur, vous dispenser d'y joindre le nécessaire parce que j'aurai le double, il faut bien prendre patience pour les titres du quartier de Beschart, mais vous pouvez, monsieur, m'adresser le surplus par le carosse à mon adresse. Je suis bien mortifié de ne m'être pas trouvé lorsque vous vous êtes donné la peine de passer chez moi, j'étais allé à Versailles pour quelques petites affaires domestiques. Je suis, etc. »

« Paris, ce 30 août 1755.

» Je n'ai pu répondre plus tôt à la lettre dont vous m'avez honoré dernièrement, que parce que j'ai repassé tous les titres que vous m'avez envoyés dont l'examen aurait été plus tôt fini sans plusieurs personnes chez qui j'ai été obligé d'aller pour la recherche de plusieurs titres. Pour finir le mémorial de M. le chevalier, il est nécessaire que vous ayez la bonté, monsieur, de m'envoyer tous ceux que vous pouvez avoir découvert afin d'y mettre la dernière main.

» Quant à ce qui concerne M. le chevalier, il faudra envoyer le mémorial primordial à Malte, qui ne contient que les deux lignes principales. La ligne directe paternelle et la ligne directe maternelle avec l'arbre généalogique et le baptistère du présenté.

7

» Ce mémorial vous reviendra avec un décret qui l'approuvera, ensuite l'on paie le passage, d'environ 2,400 livres, et l'on présente au chapitre du prieuré d'Aquitaine le mémorial qui a été à Malte avec le second mémorial qui contient la filiation et la noblesse des huit quartiers et la quittance de passage. L'on demande alors des commissaires, l'on en nomme 6, dont on requiert deux qui vont sur les lieux dresser le procès-verbal que l'on présente après au chapitre, et après le rapport, le présenté le porte à Malte, ou l'y envoie, et sur le dernier examen, l'on donne un décret qui l'approuve. Voilà, monsieur, l'instruction que vous m'avez fait l'honneur de me demander. »

L'affaire ne marche pas vite, car le 5 mars 1757, M. Lacroix écrit :

« Le temps que j'avais destiné à travailler tant au mémorial qu'à la supplique de M. le chevalier, votre fils, m'a été dérobé pour les preuves d'un chevalier auxquelles je n'ai pu, monsieur, me refuser, sa mère étant dame du palais de la reine.

» Il y a 22 ans que je travaille, sans compter 15 ans de veilles, et je puis dire que je n'ai point encore vu de preuves aussi certaines et aussi bonnes que celles de M. le chevalier ; j'ai poussé ma curiosité, et j'ai vu avec plaisir que les 32 quartiers sont bons, presque tous maintenus, etc.

» M. le chevalier de Polignac a envoyé chez moi me recommander votre affaire ; ainsi, monsieur, vous pouvez l'en remercier.

» Il y avait certaines difficultés pour un quartier de Marigo et de Kgariou, non que les preuves manquassent, mais il fallait trouver certaines pièces exigées par l'ordre, et ces pièces des dates fort anciennes étant perdues, il fallait obtenir un bref de dispense pour pouvoir les remplacer par d'autres. Pour obtenir ce bref, il faudrait être recommandé à quelque haut personnage de l'ordre, le chevalier de Cabeuil, par exemple, agent général de l'ordre en France. »

M. de Lacroix écrit le 30 juin 1757 :

« J'ai découvert que M. Godcheu, servant d'armes, est un de ses amis ; si vous avez occasion de le voir et que vous soyez liés d'amitié, engagez-le de lui en écrire. Il est plein de sentiments, j'ose dire qu'il en a autant que vous, monsieur, quoi qu'il soit servant d'armes. Naturellement, il est fort estimé des plus anciens de l'ordre et a beaucoup d'esprit.

» Ce M. Godcheu était alors un des directeurs de la Compagnie des

Indes en résidence à Lorient, fort lié précisément avec le comte du Bouëtiez. »

Enfin, voici un extrait des registres de la vénérable langue de France :

« Cejourd'huy, 14 décembre 1757, avec permission de Son Eminence dom Emmanuel Pinto, digne grand maître de l'ordre de Saint-Jean de Jérusalem et du Saint-Sépulcre, s'est assemblée la vénérable langue particulière au prieuré de France, présidant, M. le commandeur F.-Anne-Charle de Tudest, lieutenant de grand hospitalier, en laquelle MM. les chevaliers de Calan et de Montifroy, commissaires nommés par la vénérable langue pour examiner les titres primordiaux, dont veut se servir noble Charle-Anne du Bouëtiez pour être reçu de majorité au rang de chevalier de justice de cette vénérable langue et prieuré d'Aquitaine ont fait la relation suivante :

« Monsieur, Messieurs,

» Nous avons examiné les titres primordiaux de noble Charles-Anne du Bouëtiez pour être reçu de majorité au prieuré d'Aquitaine ; nous les avons trouvés suffisants quant au côté paternel. Quant au maternel, la tige est bonne, mais il a besoin de deux dispenses par bref pour ses deux bisaïeules maternelles. Nous nous remettons à ce qu'il vous plaira décider à la vénérable langue.

» Ce qu'entendu les seigneurs de la vénérable langue procédant par V. S. et ballottes ont reçu les dits titres pour bons et valables.

» Les procureurs de la vénérable langue, signé : le chevalier des Salles et le chevalier des Perriers, et scellé en partie rouge des armes de la dite vénérable langue, et signé : F.-A. Boscheron, secrétaire de la vénérable langue en ce paraphe.

» Reçu ainsi chevalier profès, Anne du Bouëtiez se rendit à Paris l'année suivante ; nous n'avons pu découvrir qu'une seule lettre de lui, en date du 2 avril 1758, Versailles :

« Monsieur et très-cher père,

» J'ai trouvé ici à mon arrivée une lettre de M. de Lacroix avec ma croix de Malte, et une autre lettre de M. de Cabeuil ; mais il ne m'a rien répondu à la demande que je lui faisais pour la porter. Il semble même qu'il n'ait point tourné la feuille, car il ne m'indique point où vous devez remettre l'argent, mais M. le chevalier de Polignac, à qui j'ai tout expliqué, m'a dit que je pouvais la porter; et en conséquence me l'a attachée lui-même à la boutonnière, disant aussi qu'il n'y avait aucune formalité. Il ne nous a rien dit au sujet des recrues. Ma malle que vous avez sans doute chargée à la Messagerie avec celle de Lantivy, et le porte-manteau de M. de Tréverret n'est point arrivée, quoique celles de ces messieurs le soient. Je ne puis comprendre où elle est restée. Je me trouve sans linge et sans rien, n'ayant presque rien mis dans mon porte-manteau. Ma tante de Nazareth se porte très-bien. J'ai été aussi pour voir à Vannes mesdames de Saint-Georges et de Marbeuf, mais je ne les trouvai point. Je vous prie de faire mes assurances de respect à ma chère mère, et de lui dire que je n'ai point encore pu trouver des camisoles de laine, elles sont fort rares depuis la guerre et très-difficiles à trouver parce qu'elles sont de contrebande. Je vous prie d'être persuadé du profond respect avec lequel je suis votre très-humble et très-obéissant serviteur.

» Le chevalier Du Bouëtiez. »

François du Bouëtiez, sieur de Quélenec avait eu trois sœurs : Monique, Mathurine et Anne.

L'aînée, Monique épousa messire de Broël, seigneur de Kᵹlavaret.

Mathurine se fit religieuse, et la troisième se maria avec Jacques-François de Lantivy, chevalier, seigneur de Kᵹvéno.

Ce manoir de Kᵹvéno était situé dans la paroisse de Languidic. Quant à la famille de Lantivy, qui portait pour devise : *Qui désire n'a repos*, elle était originaire d'Angleterre, mais était établie en Bretagne dès 1530..

Une des branches, celle des de Talhouet, formée des descendants de cette demoiselle du Bouëtiez se fondit dans les familles de Gras et de Kᵹvénoël.

De ce mariage naquirent plusieurs enfants, entr'autres, Jeanne-Charlotte de Lantivy, qui se fit religieuse.

Nous avons les noms des parents qui donnèrent leur autorisation :

« Etant d'avis que Charlotte de Lantivy désirant entrer en religion et se consacrer en qualité de dame de chœur dans le couvent de l'abbaye royale de la Joye, remplisse et exécute sa vocation. Qu'à cette fin, il lui soit délivré par maître Joseph-Marie Fraboulet, avocat à la cour, tuteur onéraire des enfants de Lantivy, mineurs, la somme de 300 livres pour sa véture et frais de véture, et celle de 700 livres pour sa profession et frais de profession et toutes dépenses en général. Et qu'en outre, le sus dit tuteur onéraire continue à acquitter la somme de 300 livres annuellement pour la dite demoiselle.

» A l'égard de la dot, M. de Bavalan, tuteur honoraire des sus dits enfants pourra la régler à la somme de 1000 livres argent comptant au profit de la dite abbaye, et en outre à la rente viagère annuelle de 150 livres au profit de la dite abbaye. »

Voici les parents qui envoyèrent leur autorisation :

1° Messire Mascarène, seigneur de Rivière, habitant au château de La Coudraye, paroisse de Tréméac, évêché de Cornouaille ;

2° Messire Louis-Marc de Cosnoal, chevalier, seigneur de Saint-Georges, Kymérien, La Villeneuve, etc., parent du 3e au 4e degré de l'estoc maternel ;

3° Messire Joseph-Annibal de Farcy de Saint-Laurent, chevalier, seigneur d'Augan, de Beauvais et autres lieux, parent du 3e au 4e degré en l'estoc maternel, demeurant à Augan, paroisse d'Augan ;

4° Messire Jean-Pierre Visdelou, chevalier, seigneur de la Ville-Théart, demeurant à Rennes, paroisse Saint-Aubin, parent du 2e au 3e degré en l'estoc maternel ;

5° Messire François-Corantin de Poulpiquet, chevalier, seigneur de Louvéguer, époux de dame Magdeleine de Bohal, parente du 3e au 4e degré en l'estoc maternel ;

6° Messire Hyacinthe-Henry, chevalier, seigneur de Bohal, Villeneuve, etc, parent du 3e au 4e degré de l'estoc maternel, demeurant à la Villeneuve-Bourg, paroisse de Bohal.

Puis, en l'estoc paternel :

Jean-François de Quifistre, chevalier, seigneur de Bavalan ;

François de Lescouet, chevalier, seigneur de Ménémeur, époux de dame Marie-Joséphine de Quifistre ;

René-Armand de La Landelle, époux de dame Marie-Vincente-Madeleine de Quifistre ;

Parents au 3e degré, demeurant à Vannes ;

Messire Jean-Baptiste Gillot, seigneur de Croyal, demeurant à Croyal, paroisse de Royal-sur-Vilaine ;

Claude de Montandre, chevalier, seigneur de Longchamps, chevalier de l'ordre militaire de Saint-Louis, lieutenant des vaisseaux du roi et de l'artillerie de la marine à Brest.

Toutes ces autorisations enregistrées au greffe de la juridiction de l'abbaye de la Joie, au mois d'avril 1759.

Cette même année en 1759, au mois de septembre, les Anglais ayant débarqué près de Saint-Malo furent attaqués par les milices bretonnes sous le commandement du duc d'Aiguillon, gouverneur de la province.

L'ennemi rejoint au moment où il se rembarquait dans la baie de Saint-Cast fut taillé en pièces, et perdit 3000 hommes.

Anne du Bouëtiez, le chevalier de Malte qui servait dans le régiment de Brie fut blessé de deux coups de fusil au travers du corps; une note trouvée dans les archives du département du Morbihan, ajoute que monseigneur le duc de Penthièvre eut la bonté de lui accorder une pension sur les Etats de Bretagne. Le régiment de Brie ayant beaucoup souffert, fut réformé en entier. Anne du Bouëtiez passa alors à Malte, fit ses caravanes, et après avoir prononcé ses vœux y résida jusqu'à la prise de l'île par le premier consul.

Après la prise de Malte, il se retira en Allemagne avec le grade de commandeur de l'ordre. En 1789, il avait eu occasion de servir de parrain à un jeune compatriote, destiné à une grande illustration, le vicomte de Chateaubriand.

Le commandeur Anne du Bouëtiez rentra en France sous l'Empire, et mourut dans les premiers jours de la Restauration, parvenu à un âge avancé.

Son frère aîné, Jacques-François du Bouëtiez prit part à la guerre de Sept-Ans, fit la campagne d'Allemagne, y fut blessé trois fois et obtint un bon pour la croix de Saint-Louis.

En 1769, il épousa Catherine-Sainte-Fortunée du Bahuno de Kolain.

Voici l'extrait du contrat de mariage :

« Contrat de mariage de messire Jacques-François du Bouëtiez, chevalier, seigneur de Saint-Nudec, officier au régiment des carabiniers de monseigneur le comte de Provence, fils aîné de messire Jacques-Pierre, chef de nom et armes du Bouëtiez, chevalier, seigneur du dit lieu, et de feue dame Jacquette des Portes, en son vivant dame de Saint-Nudec et des Portes, et assistée de son dit père, demeurant ensemble au château du Bouëtiez, paroisse de Saint-Gilles, accordé le 2 septembre 1769 avec demoiselle Catherine-Sainte-Fortunée du Bahuno, demoiselle de Kolain, fille de messire François-Jacques-Fortuné, chef de nom et armes du Bahuno, chevalier, seigneur de Kolain, Kmadehouay et autres seigneuries, de son mariage avec feue dame Jeanne-Françoise Jourdain du Couëtdor, dame de Ķolain, héritière principale et noble de la dite dame de Ķolain, sa mère, assistée du dit seigneur de Ķolain, son père, demeurant au château de Ķolain, paroisse de Lanvaudan.

» Par lequel contrat il est dit qu'il entrerait en la communauté de la part de la dite demoiselle future épouse, la somme de 30,000 francs à prendre sur le reliquat du compte de la gestion de son bisaïeul, liquidée vers les nominateurs de la tutelle de feu messire Jean-François Jourdain, chevalier, seigneur du Couëtdor, son aïeul, par sentence de l'année 1716. Ce contrat passé devant Audouyns, notaire royal, et Fraboulet, aussi notaire royal de la cour d'Hennebont le 14 septembre 1769; la dite minute, signée par les parties et encore Marie-Jacquette du Bouëtiez, Pauline de Ķolain, Jacques-François Lantivy, de Ķvéno et du Bahuno du Liscoët. »

De ce mariage naquirent deux enfants : Jacques-Joseph-Fortuné du Bouëtiez, et Charles-François-Fortuné du Bouëtiez. Nous avons trouvé au greffe du Tribunal civil de Lorient l'extrait de baptême suivant :

« L'an de grâce 1781 et le 5 de mai, je soussigné ai suppléé les cérémonies du baptême à un fils né le 2e jour de septembre 1772, du légitime mariage du haut et puissant seigneur messire Jacques-François, comte du Bouëtiez, chevalier, seigneur de Saint-Nudec, lieutenant de cavalerie au régiment des carabiniers, décédé depuis, et de haute et puissante dame Catherine-Sainte-Fortunée du Bahuno de Ķolain, dame, comtesse du Bouëtiez, ses père et mère. Le dit enfant, ondoïé dans cette paroisse par permission de M. l'abbé Grimaud et de Coetanton, vicaire général de ce diocèse.

» Parrain a été Véré Dunaud, pour et au nom de haut et puissant seigneur messire Jean-Fortuné, comte de Pluvié, chevalier, seigneur de Ķgoueven, capitaine de dragons au régiment de La Rochefoucauld, aux fins de la procuration d'aujourd'hui; marraine a été Marguerite-Françoise Bosec, épouse du sieur Bauvé, pour et au nom de haute et puissante Thérèse-Charlotte du Bouëtiez, dame, comtesse du Buat de La Hubardière, aux fins de sa procuration du 26 avril, présente année. On a imposé à l'enfant le nom de Fortuné-Charles, sous les seings de la dite dame du Bouëtiez et des autres soussignants. Signé : François Bosec, Marnière de Ķsallo, Fortuné-Charles du Bouëtiez, du Bouëtiez du Bahuno, du Bouëtiez, de Talhouët, recteur. »

L'année précédente, le 27 juin 1771, était né Jacques-François du Bouëtiez.

Ce dernier fut reçu page du roi en sa grande écurie en 1786. Ce fut un des derniers pages du roi, du moins de ceux appartenant à la noblesse bretonne.

Le roi, dès cette époque, entrait dans la voie des réformes et des économies comme on le voit par la lettre suivante adressée à madame la comtesse du Bouëtiez par le prince de Lambsec.

A Versailles, le 30 août 1787.

« Le roi, madame, dans la réforme qu'il a faite de sa maison, a jugé à propos de réunir ses deux écuries sous mon autorité, et d'en réduire les pages au nombre de cinquante; en conséquence, Sa Majesté m'a prescrit de ne point remplacer au mois d'avril prochain ceux qui doivent sortir; j'ai l'honneur de vous en prévenir, et de vous prier d'être bien persuadée du regret que j'ai de ne pas pouvoir remplir l'engagement que j'avais pris de donner une place à M. votre fils au mois d'avril prochain. J'aurai certainement égard au compte qui me sera rendu de M. votre fils ainé par le gouverneur des pages, lorsque je nommerai les surtouts; et je le comprendrai avec grand plaisir s'il est susceptible de cette préférence sur ses camarades. Je ne pourrai pas à la sortie des pages l'attacher à mon régiment qui est allemand; il faut être étranger pour y entrer. Je suis très faché de perdre cette occasion de vous obliger.

» J'ai l'honneur d'être avec respect, madame, votre très humble et très obéissant serviteur

» Signé : prince DE LAMBESC. »

Ne pouvant faire entrer le cadet dans les pages comme le premier, l'on résolut de le mettre dans la marine. Le prince de Lambesc écrit en effet le 5 octobre 1787 :

« J'ai l'honneur, madame, de vous adresser ci-joint le certificat que vous désirez, pour faire entrer M. votre fils dans la marine; je viens d'écrire à M. le président d'Hozier de tâcher de vous rendre vos titres le plus tôt possible. » Ce certificat de noblesse dont il est question devait constater au moins quatre quartiers de noblesse paternelle. Bref, Charles-Fortuné Du Bouétiez concourut, fut admis ; et il était lieutenant de vaisseau lorsque la révolution éclata.

Nous avons vu qu'un des fils de François du Bouëtiez seigneur du Quellenec et de Marie Briand avait épousé Marie Françoise de Couessin dame de la Bérayo et c'est à propos du frère de cette dernière que nous avons été conduits à une digression assez longue.

Ce René François eut deux frères et deux sœurs.

L'aîné, Joseph du Bouëtiez se fit prêtre et devint recteur de Noyal-Pontivy, L'autre, Caradec, après avoir été page du roi, servit dans l'armée, ne se maria pas et fut tué à Quibéron.

Mathurine se fit religieuse à Vannes et la plus jeune, Marie, épousa M. Eudo, seigneur de Kerlivio et de Kéronic.

Voyons maintenant ce que vont devenir les enfants de René François du Bouëtiez, chevalier seigneur de Kerorguen, épouse de mademoiselle de Couessen de la Béraye.

Ici quatre enfants :

Jacque-Marie-Joseph du Bouëtiez;

Jean-Marie du Bouëtiez;

Thérèse-Aimée du Bouëtiez;

Marie-Françoise-Emilie du Bouëtiez;

Jacque-Marie-Joseph du Bouëtiez naquit le 31 août 1756; à peine âgé de 23 ans et n'ayant pas encore l'âge légal, son père lui acheta une charge de conseiller au parlement de Bretagne.

Voici un extrait du contrat d'achat :

31 décembre 1778

« Pardevant les notaires royaux à Rennes soussignés, fut présent Me Etienne Cyr Cosson avocat au parlement, demeurant à Rennes, rue d'Orléans, paroisse de Toussaint, au nom et connu faisant pour messire Martin Boux, chevalier de Saint Mars de Coutais, de Lenfernière, Casson et de la Coudray en Nort conseiller de grand'chambre du parlement de Bretagne, aux fins de sa procuration datée à Saint-Mars-de-Coutais le 26 décembre, que le sieur Cosson a représentée de lui chiffrée en marge pour demeurer jointe au présent et être controllée avec icelui.

« En vertu de laquelle procuration, le dit sieur Cosson a ce jour, pour et au nom dudit seigneur Boux de Saint-Mars, vendu cédé et à jamais transporté à messire Jacque-Marie-Joseph du Bouëtiez, chevalier seigneur de Kerorguen fils aîné et autorisé de messire René-François du Bouëtiez, chevalier seigneur de Kerorguen, aux fins de sa procuration ci-après refférée et audit messire René-François du Bouëtiez de Kerorguen père, pour lui stipulant et acceptant le dit seigneur de Kerorguen son fils, et tous deux solidairement aux fins de la procuration dudit seigneur son père, en date du 24 décembre présent mois, au rapport d'Andouyn et Dupé, notaires royaux à Hennebont et controllée le même jour par Le Mounier, et laquelle procuration, ledit seigneur du Bouëtiez fils a représentée de lui chiffrée en marge pour demeurer aussi jointe au présent.

« L'avoir est l'office et charge de conseiller au parlement de Bretagne crée par édit du mois d'octobre 1704 et dont est actuellement pourvu ledit seigneur Boux de Saint-Mars, pour ledit seigneur du Bouëtiez fils en jouir et disposer aux honneurs privilèges, indemnités, gages, fruits, profits, revenus et émoluments dus et attribués audit office de conseiller au parlement de Bretagne, de même que le dit seigneur Boux de Saint-Mars en a joui et qu'en jouissent les pourvus de pareils offices, à la charge audit seigneur du Bouëtiez père et fils de faire pourvoir, recevoir et admettre, même obtenir de nouvelles provisions au nom dudit seigneur du Bouëtiez fils le tout à leurs frais et dépens. Et pour y parvenir ledit sieur Cosson a présentement remis audit seigneur du Bouëtiez fils les anciens titres de propriété dudit office pour lui faire pourvoir sur la procuration *ad résignandum* dudit seigneur Boux de Saint-Mars.

« La vente et composition dudit office ainsi faite et convenue en conformité des procurations ci-devant référées et jointes au présent pour et en faveur de la somme de vingt-neuf mille livres de principal, la quelle somme de 29,000 h. demeure par le présent conforme aux dites procurations entre les mains des dits seigneurs du Bouëtiez père et fils à titre de constitution de rente sur le pied du denier vingt.

« En conséquence, ledit seigneur du Bouëtiez fils sous l'autorité dudit seigneur, stipulant aussi pour ledit seigneur aux fins de ladite procuration et par voie solidaire, sans division et renonçant à tous droits de discussion de biens et personnes, un d'eux seul pour le tout obligé et promet et s'oblige de payer audit seigneur Boux de Saint-Mars en la ville de Nantes, quitte de frais de change, port et risques quatorze cent cinquante livres de rente à commencer à courir en nature d'arrérage du jour de la réception audit office, dudit seigneur acquéreur, laquelle réception ledit seigneur acquéreur fera diligence d'obtenir dans un an au plus tard de ce jour et daté du présent pour continuer le payement de ladite rente constituée d'année en année à leur échéance, jusqu'au remboursement de la somme principale que lesdits seigneurs du Bouëtiez coobligés solidaires pourront faire quand bon leur semblera, en trois payements dont les trois premiers de dix mille livres chacun et le troisième de neuf mille livres, avertissant toutefois trois mois auparavant des dits remboursements ledit seigneur Boux de Saint-Mars en causes ayants et les intérêts diminuant à proportion des payements à tant quoi le dit seigneur du Bouëtiez fils déclare s'obliger tant pour lui que pour le dit seignenr son père et sous son autorité, et tous deux solidairement comme dit est et un d'eux seul pour le tout avec soumission à notre cour de Rennes, s'oblige aussi le dit seigneur acquéreur pour lui et au nom du dit seigneur du Bouëtiez d'entrer comme par ces présentes, il déclare entrer dans les dettes et emprunts de MM. de la compagnie du parlement de Bretagne au lieu et place du dit seigneur Boux de Saint-Mars auquel le dit seigneur du Bouëtiez s'oblige de faire délivrer une grosse en forme du présent et quitte de frais. Bien entendu que les gages du dit office demeurent réservés au dit seigneur Boux de Saint-Mars pour être par lui touchés jusqu'au jour de la la réception du dit seigneur acquéreur.

« Ce que les parties ont ainsi voulu et consenti, portant condamnés avec soumission à notre cour de Rennes. Fait et passé à Rennes dans le cabinet dudit sieur Cohou, sous son rang, celui dudit seigneur du Bouëtiez fils et les nôtre après lecture le 31 décembre 1778.

« Richelot, notaire rapporteur.

Les démarches voulues furent faites, et le 24 mars 1779 Jacque-Joseph du Bouëtiez fut nommé conseiller au parlement,

Voici la copie de l'ordonnancé sur parchemin et scellée du sceau royal.

Conseiller originaire au parlement de Bretagne.

« Louis, par la grâce de Dieu, roi de France et de Navarre, à tous ceux que ces présentes verront, salut; scavoir faisons que pour la pleine et entière confiance que nous avons en la personne de notre bien-aimé le sieur Jacque-Marie-Joseph du Bouëtiez, avocat au parlement et en ses sens, suffisance, probité, capacité, fidélité et affection à notre service pour ces causes et autres, nous lui avons donné et octroyé, lui donnons et octroyons par ces présentes l'état et office de notre conseiller originaire en notre cour de parlement de Bretagne à Rennes, que tenait et exerçait notre féal et aimé le sieur Martin Boux de Saint-Mars qui s'est volontairement démis en nos mains du dit état et office dont nous avons accordé l'agrément au dit sieur du Bouëtiez, qui, en conséquence, a payé en nos revenus casuels le droit de survivance au seizième denier à nous à ce du vivant la quittance du sieur Bertin, trésorier d'iceux dont copie collationnée est cy avec la dite démission et autres pièces attachées sous le contre scel de notre chancellerie, pour le dit état et office avoir, tenir et dorénavant exercer, en jouir et user par le dit sieur du Bouëtiez à titre de survivance et aux honneurs, autorités, pouvoirs, libertés, priviléges, exemptions, prérogatives, immunités, franchises, prééminences, entrées, rang, séance, fonctions, gages, droits, fruits, profits, revenus et émoluments au dit état et office appartenant et y attribués tels et semblables qu'en a joui ou dû jouir le dit sieur Boux de Saint-Mars et qu'en jouissent ou doivent jouir les autres pourvus de pareils offices, à condition toutefois que le dit sieur du Bouëtiez ait atteint l'âge de vingt-deux ans sept mois ou environ suivant son extrait baptistaire du trente-un août mil sept cent cinquante-six dûment légalisé, et qu'il n'ait parmi les officiers de notre dite cour aucun parent ni allié aux degrés prohibés par les ordonnances et règlements suivant que le porte le certificat de notre procureur général en notre dite cour avec le dit extrait baptistaire pareillement attaché le tout à peine de perte du dit état et office, nullité des présentes et de sa réception et quant à ce qui lui manque de l'âge des vingt-cinq années accomplies requises, nous l'en avons relevé et dispensé par nos lettres séparées des présentes à condition néanmoins qu'il ne pourra avoir voix délibérative avant l'âge de vingt-cinq ans accomplis que conformément à la déclaration du vingt may 1713. Si donnons en mandement à nos aimés et féaux conseillers, les gens tenant notre gouvernement et parlement de Bretagne à Rennes, que leur étant apparu des bonnes vie, mœurs, âge sus dit, conservation et religion catholique, apostolique et romaine du dit sieur du Bouëtiez et de lui pris et reçu le serment en tel cas requis et accoutumé, ils le reçoivent, mettent et instituent de par nous en possession du dit état et office et c'en fassent jouir et user au dit titre de survivance, ensemble des honneurs, autorités, pouvoirs, exemptions, rang, séance, gages et de tous les autres droits et avantages sus dits, pleinement et paisiblement et lui obéir et entendre de tous ceux et ainsi qu'il appartiendra ès choses touchant et concernant le dit état et office, mandons en outre à nos aimés et féaux les généraux de nos finances en Bretagne que par les trésoriers, receveurs, payeurs et autres comptables qu'il appartiendra et des fonds à ce destinés ils fassent payer et délivrer comptant au dit sieur du Bouëtiez dorénavant par chacun an aux termes et en la manière accoutumés les gages et droits au dit état et office appartenant et y attribués à commencer du jour et date de sa réception, de laquelle rapportant ainsi que des présentes copies dûment collationnées et pour une fois seulement avec quittances de lui sur ce suffisantes, nous voulons les dits gages et droits être alloués et passés en la dépense des comptes de ceux qui en auront fait le payement, par nos aimés et féaux conseillers les gens de nos comptes à Nantes, auxquels mandons ainsi le faire sans difficulté, car tel est notre plaisir en témoin de quoi nous avons fait mettre notre scel à ces dites présentes.

» Donné à Paris, le vingt-quatre jour de mars l'an de grâce mil sept cent soixante-dix-neuf et de notre règne le cinquième.

» L'acte porte mention d'enregistrement au greffe de la chambre des comptes de Bretagne, au greffe de la généralité des finances, au greffe civil de la cour et au revers par le roy.

» A Rennes, le jeune conseiller fut attaché à la chambre des enquêtes. Il se lia avec un président aux comptes, Jacques-Puissant de Saint-Servan qui, en 1779 avait épousé une demoiselle Le Deist de Botidoux, fille d'un maitre des comptes. Il y rencontra la sœur de cette dernière, mademoiselle Jeanne-Louise-Olive Le Deist de Botidoux, et la demanda en mariage avant même qu'elle ne fût sortie du couvent où elle terminait son éducation. »

Nous extrayons ce qui suit du contrat de mariage qui est à la date du 10 mars 1783 :

« L'an mil sept cent quatre-vingt trois, le dix mars avant midi, devant les notaires d'Hennebont fut présent René-François du Bouëtiez demeurant en la ville d'Hennebont, près la grande place, lequel a par les présentes fait et constitué pour son procurateur général et spécial Théodore-Jean-Baptiste Ravenel Boisteilleul auquel il donne pouvoir et procuration de pour lui et en son nom, se présenter partout où besoin sera et d'y déclarer qu'il agrée et consent au mariage proposé entre Jacque-Marie-Joseph du Bouëtiez son fils aîné, majeur de 25 ans et demoiselle Jeanne-Louise-Olive de Botidoux. Consentant que ledit mariage soit solemnisé suivant l'usage, représenter comme père le dit constituant, assister pour lui aux conventions matrimoniales et y insérer que le dit constituant promet et s'oblige pour cause du dit mariage, de donner et faire avoir au dit du Bouëtiez son fils, la rente annuelle de trois mille livres tant sur les biens à lui échus de la succession de Thérèse-Marie-Françoise de Couessin, sa mère, que sur ceux du dit constituant au cas que les premiers ne suffisent point. Qu'au cas de prédécès du dit du Bouëtiez avant le dit constituant son père, celui-ci s'oblige à donner la jouissance de la dite rente de trois mille livres à la dite future épouse en nature et douaire et que d'après le décès du dit constituant il sera libre à la dite future épouse de tenir à la dite rente annuelle de 3000 livres pour douaire ou de prendre le douaire coutumier. Se rapportant le dit du Bouëtiez père pour tous autres articles des conventions matrimoniales à ce que le dit du Boisteilleul verra bon être élu.

« Passé au dit Hennebont au rapport de Fraboulet, notaire.

Cette procuration est en tête du contrat.

« Pour parvenir au mariage proposé entre Jacque-Marie-Joseph du Bouëtiez, fils aîné de René-François du Bouëtiez et de Thérèse-Marie-Françoise de Couessin, ses père et mère, originaire, d'Hennebont, demeurant à Rennes, rue de Toulouse, d'une part; et Jeanne-Louise-Olive le Deist de Botidoux, fille mineure de feu François-Guillaume le Deist de Botidoux et de Suzanne-Martin du Verger, ses père et mère, originaires de Saint-Hervé en Loudéac, demeurant présentement au couvent à Rennes, d'autre part; ont ce jour, 19 avril 1783, personnellement comparus devant les notaires à Rennes, soussignés, le dit Jacques-Marie-Joseph du Bouëtiez, majeur et néanmoins assisté et autorisé dudit René-François du Bouëtiez, son père, représenté par Théodore Lavenel de Boisteilleul, aux fins de sa procuration du dix mars dernier passée devant les notaires d'Hennebont, laquelle procuration le dit Boisteilleul a représentée de lui chiffrée en marge pour demeurer jointe au présent, demeurant à Rennes, place Saint-Pierre.

« Et la dite Jeanne-Louise Le Deist Botidoux, demeurant au couvent à Rennes, assistée et autorisée aux fins du décret de son mariage de la ci-devant juridiction de Loudéac, du sept de ce mois, de Jacque Puissant Saint-Servan, beau-frère et tuteur de ladite future épouse.

« De Nicolas Le Deist et de Jean-François Le Nepvou, tous trois nommés par le dit décret de mariage pour assister et régler les dits articles du contrat; Le dit Le Nepvou, demeurant à Rennes, rue aux foulons, en autorité et représentant les sieurs de Saint-Servan et de Kérivalan aussi pour autorité, lesquels ratifieront ces présentes, entre lesquelles parties ont été réglées les clauses et conditions du dit mariage autrement et sous lesquelles il ne serait effectué.

ARTICLE PREMIER.

« Il y aura communauté entre les futurs époux, laquelle commencera du jour de la bénédiction nuptiale, les parties dérogeant à cet effet à l'art. 424 de la coutume qui ne l'admet qu'après l'an et jour, à laquelle coutume elles déclarent se soumettre pour le régime et gouvernement de leur communauté quelque part que les futurs époux puissent fixer leur domicile ou faire des acquisitions.

ARTICLE 2.

« Chacun des futurs époux payera et acquittera sur ses propres biens les dettes antérieures au mariage, mêmes celles qui procéderont de son chef et côté, sans que la communauté en puisse être grevée, et, pour la solidité de présente clause envers les créanciers, les parties emploient les déclarations et stipulations ci-après qui leur tiendront lieu de bon et fidèle inventaire.

ARTICLE 3.

« Les futurs époux se prennent avec les droits et biens à eux appartenant de chaque part pour les exercer ainsi qu'il appartiendra, lesquels consistent du côté de la future épouse dans la part et portion des biens meubles et immeubles à elle échue de la succession des dits sieur et dame de Botidoux, ses père et mère, et des biens mobiliers, soit meubles meublants. argent, effets, crédits et autres effets de cette nature suivant le compte qui lui sera rendu du tout par le dit de Saint-Servan, son tuteur, du prix de la vente des effets et le partage à faire avec ses cohéritiers. Stipulé qu'il entrera dix mille francs dans la communauté et que tout le surplus lui tiendra nature de propre à elle et aux siens dans ses estocs et lignes directes et callatérales, stipulé encore que le surplus de dix mille livres sera colloqué à la première occasion utile, parce que toutefois il sera prélevé sur le principal les loyaux, couts, frais et mises qui en sera diminué.

« Et de la part du futur, que ses biens consistent dans sa charge évalluée trente mille livres, sur laquelle il a déclaré, être dû seulement la somme de 9000 livres dont les intérêts restent à acquitter.

« Ils consistent aussi en trois mille livres de rentes que le dit du Boistilleul au nom et en vertu de la procuration dudit du Bouëtiez père, s'oblige en faveur du dit mariage de payer et compter annuellement au futur époux, sur les biens, lui échus de la succession de sa mère, et en cas d'insuffisance sur les biens du dit du Bouëtiez père. du dit futur époux, le premier payement en un au dix jour du présent et ainsi d'année en année, si mieux n'aime le dit du Bouëtiez père, donner et léguer au futur époux son fils des fonds de la valeur des dits trois mille livres pour les futurs époux, en jouir comme de leurs biens propres.

Convenu que des dits biens et droits du futur époux il en entrera pareillement dans la communauté une somme de dix mille livres, le surplus lui tiendra nature de propre à lui et aux siens en ses estocs et lignes directes et collatérales, faisant à cet effet le dit futur époux la mobilisation nécessaire et jusqu'à due concurrence sur les fonds.

ARTICLE 4.

« Tout ce qui échoira aux futurs époux pendant le mariage par succession, donation, legs et autrement leur tiendra aussi à chacun nature de propre immeuble et aux siens en ses estocs et lignes à l'exception des meubles de mariage qui entreront dans la communauté, à l'effet de quoi le futur époux sera tenu de faire bon et fidèle inventaire à chaque ouverture de succession, sinon les partages faits avec les cohéritiers même sous signature privée en tiendront lieu pour déterminer de chaque part la partie réputée propre.

ARTICLE 5.

Au partage de la communauté, le survivant prélèvera hors part et par préciput la somme de dix mille livres sur les meubles et effets à son choix, ou prisage et sans crise, et en outre les habillements, linges, dentelles, diamants, et autres choses servant à son usage et ornement de sa personne, même le futur époux sa bibliothèque et sans préjudice au survivant de sa moitié dans le surplus des effets de la communauté.

ARTICLE 6.

En cas de renonciation à la communauté de la part de la dite future épouse, soit pendant le mariage ou à sa dissolution ou par ses enfants après sa mort, elle ou ses enfants reprendront généralement tout ce qu'ils justifieront y être entré de sa part, même le mobilier ci-dessus. La future épouse personnellement reprendra en outre ses habillements, linges, nipes, diamants et bijoux à son usage, aura son trousseau et chambre garnie suivant la coutume, ses habits de deuil et ceux de ses domestiques suivant son état, le tout quitte de frais. De plus, la future épouse et les siens auront la reprise des propres conventionnels ci-devant stipulés à défaut de collocation par hypothèque, d'abord sur les effets de la communauté, et ensuite sur tous les biens du dit futur époux et la récompense par assiette sur y ceux de ses propres réels, si aucun sont aliénés pendant le mariage, et pour le tout ainsi que pour les autres stipulations du présent, l'hypothèque courra et aura lieu à compter du jour et date du présent, en principal, intérêts, frais et accessoires quoique non liquidés.

Article 7.

» Par convention expresse, le dit du Boitilleul, au nom du dit du Bouëtiez, père, déclare constituer le dit du Bouëtiez caution envers la dite future épouse de la reprise de ses deniers réputés propres par la présent et par hypothèque sur la garantie de ses biens, d'autant qu'ils ne se trouveraient pas colloqués comme dit est ou que la communauté fut insuffisante pour les reprendre.

Article 8.

» Dans le cas de prédécès du futur époux, la dite future épouse aura pour douaire préfix et conventionnel trois mille livres de rente annuelle en argent quittes de toutes taxes ou impositions mises ou à mettre au cas qu'il n'y ait point d'enfant au décès du dit futur époux, et deux mille livres seulement quittes comme dessus s'il y a des enfants, parce que s'ils venaient à décéder sans postérité avant leur mère, le douaire de trois mille francs reprendra son cours à compte du décès du dernier, lequel douaire, dans les dits cas, le dit du Boistilleul pour et au nom du dit du Bouëtiez, père, et aux fins de sa procuration déclare garantir et le cautionner sur les biens du dit du Bouëtiez, père.

» Sous lesquelles clauses et conditions, les dits futurs époux de l'agrément et autorités ci-dessus se sont promis la foi de mariage pour l'effectuer suivant les lois civiles à la première réquisition de l'un ou de l'autre, ce que les parties ont ainsi voulu et consenti partant condamnées avec soumission au cy devant présidial de Rennes.

» Fait et passé à Rennes en la maison de M. Le Nepvou, sous le scing de la dite future épouse, celui du dit futur époux, celui du dit Boistilleul, comme représentant et au nom du dit du Bouëtiez, père, celui du dit Le Nepvou pour lui, et comme représentant de MM. de Saint-Servant et de Kivalan, ceux des soussignés présents et les nôtres, après lecture le dit jour et an. La minute, signée Jeanne-Louise Le Deist Botidoux, Jacques-Marie-

Joseph du Bouëtiez, Ravenel Boistilleul, Le Nepvou, Jean Le Nepvou, Mathurine Le Deist Botidoux, Botidoux, le cardinal Dubourgblanc, Le Mintier, du Boistilleul, Marie Le Deist Botidoux, Ravenel Boistilleul fils, du Bouëtiez, Quervignon, et autres signatures, Richelot, notaire rapporteur, Chevalier, notaire second. La dite minute, contrôlée au bureau de Rennes le 3 mai 1783, et demeurée vers le citoyen Richelot, père, rapporteur. »

On a dû remarquer en lisant cet acte, que tous ces titres et qualités avaient été soigneusement omis, en dernier lieu, le notaire rapporteur est même qualifié du titre de citoyen, la mention suivante qui est au bas de l'acte donne l'explication de cette particularité.

Soussignés: Guy-Marie Richelot, notaire public à la résidence de Rennes, département d'Ile-et-Vilaine, comme propriétaire et dépositaire des minutes de feu citoyen Guy-Marie Richelot, mon père, ancien notaire à Rennes, je certifie la présente expédition conforme à la minute dont je suis saisi, à l'exception toutefois des qualifications exprimées et supprimées par la loi que nous avons extraites, en foi de quoi j'ai délivré le présent sous mon seing. Rennes, ce deux ventôse, an sixième de la République française, signé: Richelot.

De ce mariage naquirent trois filles: Renée-Julie-Jeanne-Joséphine; Thérèse-Augustine-Marie; Thérèse-Aimée.

Nous avons l'acte de baptême de l'une d'elles, Thérèse-Augustine-Marie; il est rédigé en ces termes:

« L'an de grâce dix-sept cent quatre-vingt-six, Le soussigné ai suppléé les cérémonies du baptême à une fille née le 17 janvier, présente année, du légitime mariage de messire Jacques-Marie-Joseph du Bouëtiez, chevalier, conseiller au parlement de Bretagne, et dame Jeanne-Louise-Olive Le Deist de Botidoux, mariée à l'église Saint-Sauveur de Vannes, la dite fille née et ondoyée à l'église Saint-Germain de la dite ville. On lui a imposé les noms de Thérèse-Augustine-Marie. Parrain et marraine ont été messire Augustin-Jacques-Puissant, seigneur de Saint-Servan, chevalier, seigneur de Saint-Servant, Le Gralaville, Guérif et autres lieux, conseiller du roi en ses conseils, et président de la chambre des comptes de Bretagne, oncle maternel, et demoiselle Thérèse-Aimée du Bouëtiez de Kerguen, qui avec les père et mère ont signé. Suivent les signatures: du Bouëtiez de Kergnen, Puissant de Saint-Servan, du Bouëtiez Kerguen, du Bouëtiez Eudo, le chevalier du Bouëtiez, Cahac de La Bourdonnaye, Chanu de Mauduit,

Hamelin Marchand, Chrestien Landry, Briand de Ménéguen, le chevalier César de Chaton, Briant de Bodestin, le chevalier de La Villeon, de Coetidoux, marquise du Bouëtiez, Caroline de Lantivy, du Bouëtiez, Eulalie Briant, Duparc, curé. »

Jacques-Joseph du Bouëtiez prit part, en sa qualité de conseiller au parlement, à toutes les luttes que ce grand corps soutint contre le pouvoir royal en 1780 jusqu'à sa suppression.

Ce fut principalement dans le cours de l'année 1788 que se passèrent les événements les plus graves.

Le cardinal de Brienne, alors premier ministre, songeait à tenter un coup d'Etat pour vaincre la résistance des parlements; on devait créer une cour plénière pour l'enregistrement des édits, et retarder, s'il était possible, la convocation des états généraux.

A Rennes, les commissaires du roi avaient des allures mystérieuses qui, coïncidant avec les bruits de coup d'Etat répandus dans l'air, décidèrent le parlement à protester, dès le 4 mai, contre toute loi nouvelle qui pourrait porter atteinte aux droits de la nation française en général, aux droits, franchises et libertés de la province de Bretagne en particulier, déclarant qu'aucun changement ne pouvait être admis dans le royaume qu'après avoir été consenti par les états généraux, et dans son resssort par les Etats de Bretagne.

L'effervescence était si grande à Rennes, est-il dit dans les archives de l'Ouest, que le parlement dut tenir une séance de nuit et recevoir successivement les députations du conseil des avocats, du présidial, du corps de ville, des facultés de droit, de la maîtrise des eaux et forêts, de la milice bourgeoise et du chapitre de la cathédrale.

Nous empruntons au livre de M. Antoine Proust le récit des faits qui suivirent :

« Le 7 mai, le parlement eut de M. de Thiard, commandant de la province, ordre de s'assembler le lendemain pour communication émanant du roi.

» A six heures, le régiment de Rohan, récemment arrivé dans la ville, prit les armes et se rendit sur la Motte, promenade voisine du palais; les magistrats prirent place sur leur siége à l'heure indiquée, et le président Le Merdy de Catuëlan, après avoir déclaré la séance ouverte, demanda qu'en cas de violence l'assemblée gardât un silence absolu. A ce moment, des cris du dehors annoncèrent l'arrivée de M. de Thiard ; la foule suivait le cortége en criant : *Vive le parlement ! Vive la loi ! Haro aux traîtres !*

» L'intendant de la province, le comte de Thiard, le sieur de Caud, capitaine des gardes, suivis de laquais et de pages allaient atteindre le palais, lorsqu'un des rangs de soldats se rompit brusquement sous l'effort de la foule ; les commissaires du roi furent refoulés dans une encognure. Un officier du régiment de Rohan, M. d'Hervilly, prévoyant le danger, fit passer par la maison des Cordeliers une compagnie de grenadiers qui dégagea le cortége officiel et lui permit d'arriver jusqu'à la porte de la grand'chambre. M. de Thiard frappa vainement par différentes fois ; à la dernière sommation, le président lui envoya le greffier Buret, assisté de deux huissiers à verge. « Vos lettres de créance, dit le greffier au gouverneur. » Je ne vous en dois point, répondit M. de Thiard, et j'ai l'ordre d'entrer de gré ou de force. Buret rentra, et revint après une demi-heure. Pendant ce temps, le tumulte allait toujours croissant, et à l'instant où le greffier reparut, M. de Thiard, craignant que les troupes fussent impuissantes à le protéger, fit arrêter Buret et força la salle avec la compagnie de grenadiers qui l'entourait. Là, il remit à l'huissier les ordres dont il était porteur, et lui enjoignit de faire les sommations nécessaires pour la tenue d'un lit de justice, prescrit par la volonté personnelle du souverain.

» Pour éviter une scène dangereuse aux citoyens déjà violemment agités, répondit le président, il est ordonné aux huissiers d'ouvrir les portes et de se retirer aussitôt. »

» Le comte de Thiard, M. Bertrand de Molleville et leurs officiers se présentèrent alors le chapeau à la main, demandant où étaient leurs places. La cour se couvrit et garda le silence le plus absolu. Vos lettres de créance, dit le président en s'adressant à M. de Thiard ; le commandant de la province fit à M. de Catuëlan la réponse qu'il avait déjà faite au greffier Buret.

» Les choses étant ainsi, reprit le président, et des troupes étant entrées jusque dans l'enceinte du palais, ces actes de violence ne nous permettent pas de délibérer, et la cour me charge de vous enjoindre de vous retirer. » — « J'ai l'ordre d'agir, répliqua M. de Thiard, et voici pour vous, M. le premier président, pour vous, messieurs de la cour, pour vous, M. le greffier en chef, trois lettres de cachet distinctes qui vous défendent de désemparer sous peine de désobéissance. » Et procédant à la lecture des ordonnances, commissions et lettres patentes du roi, il requit le procureur général, M. de Caradeuc de prendre des conclusions pour leur enregistrement pur et simple. Celui-ci s'y refusa sous le prétexte qu'il ne prenait jamais de conclusions en présence des gens du roi. A ce refus, M. de Thiard intima l'ordre au greffier en chef d'enregistrer les pièces qui lui étaient remises, et les dites pièces ayant été lues et enregistrées, le commandant de la province dit : « Messieurs, le roi m'ordonne de rompre la séance. » — « M. le comte, ajouta le président, la cour me charge de vous témoigner sa douleur. » Quand la séance fut levée, il était environ deux heures. Le public, persuadé qu'elle se prolongerait jusqu'au soir, s'était retiré. La place était presque déserte, mais quelques personnes du voisinage se hâtèrent de sortir et acclamèrent le président de Catuëlan qui regagna son domicile au milieu des cris de : *Vive le parlement!* »

» Le roi répondit à cette courageuse manifestation par l'envoi d'un nouveau régiment, et la défense de tenir aucune assemblée sous peine de désobéissance. Malgré cet envoi et malgré cette défense, le parlement se sentant fort des sympathies générales et de l'appui que lui offraient les étudiants en droit, guidés par le jeune Moreau, depuis général, se réunit le 31 mai et déclara traîtres à la patrie tous ceux qui aideraient à l'exécution des projets de Brienne.

» Irrité de cette persistance, M. de Thiard fit aposter dans la nuit du 1er au 2 juin des sentinelles à la porte de MM. Le Merdy de Catuëlan, de Talhouet, Malfilâtre, Frèlon et de Ksalaun.

» A trois heures du matin, le grand prévôt se présenta chez les uns pour s'emparer de leurs personnes, chez les autres pour leur intimer l'ordre de se retirer dans leurs terres ; mais cet agent qui n'avait consenti à exécuter les ordres du gouverneur que sur la menace de 20 ans de détention, s'arrangea de telle façon que les conseillers qu'il devait arrêter, eurent le temps de s'évader. Au lieu de sortir de ville, ceux-ci se rendirent avec un courageux entêtement à l'hôtel de Cuillé. De là, ils décrétèrent la mise en accusation du comte de Thiard.

» A cette nouvelle, le gouverneur donna l'ordre de forcer l'entrée de l'hôtel et de s'emparer des récalcitrants ; mais la force armée eut le dessous, le colonel fut enlevé à la tête de son régiment, qui dut se retirer devant les volontaires de Moreau, armés de masses et de piques ; les membres de la cour furent acclamés et purent se retirer dans leurs hôtels ou s'enfuir.

» Jacques-Joseph du Bouëtiez se retira dans son hôtel, situé près de La

Motte ; mais vers 10 heures du soir, un brigadier de la maréchaussée se présenta, lui apportant un ordre de départ. Nous avons le procès-verbal qui constate ce fait, et la façon dont le conseiller accueillit l'envoyé du commandant de la province. »

En voici la copie :

Extrait des minutes du greffe de la sénéchaussée et siège royal de Hennebont.

« Nous, messire Jacques-Marie-Joseph du Bouëtiez, chevalier, conseiller au parlement de Bretagne et doyen de la chambre des enquêtes illégalement supprimée, certifions qu'environ les dix heures du soir de ce jour, le sieur Pouzeau, brigadier de la maréchaussée s'est présenté à notre hôtel, situé près la Motte, paroisse de Saint-Georges, et a demandé à nous parler. Un de nos gens l'ayant introduit dans notre appartement, il nous a apparu un ordre du sieur de Thyard qui lui enjoignait de nous faire garder par deux fusiliers, jusqu'à notre départ de cette ville, à moins que nous ne lui promettions de partir incessamment; à quoi nous lui avons répondu que la violence seule nous ferait abandonner notre service, et que voulant éviter de donner lieu à un excès de plus de la part des agents de l'autorité arbitraire, nous lui déclarions que notre projet était de partir demain dans le cas où nous trouverions des chevaux ; nous lui avons délivré copie du présent que nous déposerons dans un dépôt public de moment à autre. Nous avons sur l'heure déclaré au dit Pouzeau que nous persistions et persisterions toujours dans les arrêts arrêtés et protestations du parlement et notamment dans ceux des cinq, sept et neuf du mois dernier ainsi que dans ceux pris depuis cette époque. Fait et conclu dans notre hôtel à Rennes, vers les dix heures du soir, le trois juin mil sept cent quatre-vingt-huit, signé en la minute du Bouëtiez, et plus bas est écrit : contrôlé à Hennebont le cinq juin 1788, reçu quinze sous. Signé : Reuzé, et en marge pour chiffrature du procurateur. »

Extrait du registre des dépôts ordinaires du greffe de la sénéchaussée royale d'Hennebont, du 9 juin 1788.

« Au greffe a comparu maître Louis-Thomas Le Tohic, procureur et procurateur fondé de messire Jacques-Marie-Joseph du Bouëtiez, chevalier, conseiller au parlement de Bretagne et doyen de la deuxième chambre des enquêtes, lequel aux fins de la procuration lui consentie pour icelui le huit du présent mois de juin, contrôlé Hennebont le neuf par Creuzé, ai déposé un procès-verbal rapporté par le dit seigneur du Bouëtiez, en son hôtel à Rennes, le trois du dit mois de juin, contrôlé à Hennebont le cinq par Creuzé, duquel dépôt le procurateur a requis acte et a signé. Signé au registre, Le Tohic.

» Duquel dépôt a été par nous greffier en chef rapporté acte pour valoir et servir ce qu'il appartiendra, signé au registre Vary, greffier, contrôlé par Blanchard. »

Le conseiller revint donc à Hennebont, comme il ressort de la pièce ci-dessus mentionnée.

Pendant ce temps, douze mandataires de la noblesse, partis pour présenter un mémoire au roi, furent arrêtés à Paris et mis à la Bastille.

Dès que ce nouvel acte de violence fut connu à Rennes, 83 membres des trois ordres se réunirent et envoyèrent 53 nouveaux députés pour réclamer les premiers. Parmi ces 53 députés se trouvait le conseiller du Bouëtiez.

A ce sujet, voici ce que nous trouvons dans les archives de l'Ouest : « Concevez-vous, disait Brienne à l'un de ses collègues, rien de pareil à l'extravagance de ces bretons ? ils ne font que nous harceler de mémoires, nous fatiguer de députations, les voilà ici cinquante et trois pour en redemander 12 qui sont à la Bastille ; j'ai voulu bonnement raisonner avec eux ; Messieurs, leur ai-je dit, il est vrai que vos compatriotes sont à la Bastille, mais on les y traite avec toutes les distinctions et les égards possibles. « Eh, Monseigneur, s'est écrié l'un d'eux (une bête qui était derrière les autres), ce ne sont pas des égards que nous sommes venus demander ici pour eux, c'est la liberté. Ma foi, je suis resté confondu, moi, que voulez-vous qu'on dise à des animaux de cette espèce là. »

Néanmoins Necker fait relâcher les détenus, et le 24 septembre, toute la députation bretonne fut invitée, par le parlement de Paris, à la séance solennelle de rentrée. Le président envoya des officiers de robe-courte recevoir les Rennois et les tambours battant aux champs, les bretons firent leur entrée au milieu des vivats et des cris mille fois répétés : Bravo les Bretons, chapeau bas pour la députation de Bretagne.

Nous n'avons aucun renseignement sur l'existence du conseiller, jusqu'en 1870 ; il continua de remplir ses fonctions au parlement, et il siégeait encore, lorsque le 23 novembre 1789 la Constituante décréta la suspension indéfinie de tous les parlements du royaume. La chambre des vacations qui siégeait seule, comme de coutume, à cette époque de l'année, refusa d'enregistrer le décret.

En présence de ce refus, la Constituante manda les magistrats bretons à sa barre pour expliquer leur conduite.

Le 9 janvier 1790, douze conseillers au parlement de Bretagne ayant en tête son président M. de la Houssaye, comparurent à la barre de cette grande assemblée.

Ils protestèrent, par l'organe de leur président, contre le droit que s'arrogeait l'assemblée, dans laquelle la Bretagne n'avait que des représentants du Tiers, ceux de la noblesse et du clergé ayant refusé d'y siéger, d'anéantir une juridiction dont le maintient avait été stipulé lors de la réunion de la Bretagne à la France.

D'Esprémênil, Cazalès, Barnase, l'abbé Maury, Le Chapelier, Mirabeau, prirent part aux grands débats oratoires qui suivirent cette protestation, et qui se terminèrent par la peine de la suspension de tous droits civiques prononcée contre ces fiers magistrats, jusqu'au jour où ils auraient prêté serment à la nouvelle constitution du royaume.

Nous n'avons pu trouver dans les comptes rendus du *Moniteur* de l'époque, les noms de ces douze magistrats, mais nous savons que parmi eux se trouvait le doyen de la chambre des enquêtes, Jacque-Joseph du Bouëtiez.

Revenu dans son pays, il se cacha aux environs de son château du Quellenec et rejoignit plus tard son frère et son cousin qui se trouvaient à Quiberon et qui y succombèrent.

Jacque-Joseph réussit à se sauver, erra dans la campagne pendant quelques mois, recevant l'hospitalité de ferme en ferme, fut surpris par un détachement de grenadiers et tué par ces derniers. Voici la copie du seul extrait mortuaire que l'on possède sur l'ancien conseiller :

Auray, le 22 nivôse, an IV.

L'Administration constituée d'Auray à celle du district d'Hennebont.

« Comme il n'est pas indifférent, citoyens collègues, de connaître ceux de nos ennemis dont nous parvenons à nous défaire de temps à autre, nous ne négligeons aucun moyen de nous procurer des renseignements sur les hommes que nos détachements tuent dans leurs sorties, mais nous y réussissons rarement, grâce au peu de soin des chefs.

« Cependant nous croyons pouvoir vous donner un avis certain en ce genre. Dans une sortie que nos grenadiers firent avant hier, il fut tué un homme armé de deux pistolets, et ayant tout l'air d'un émigré; à la rentrée de la troupe, nous apprîmes qu'un soldat était porteur d'une alliance en or qu'il avait pris au doigt du mort. Nous nous la fîmes représenter et nous y lûmes les noms qui suivent :

« Jean-Marie-Joseph du Bouëtiez, Jeanne-Louise-Olive Le Deist de Botidoux, 1783 ou 1785, car ce dernier chiffre est presqu'effacé.

Nous croyons que cette alliance ne peut avoir appartenue qu'au fils aîné du citoyen Kerorguen qui a été ci-devant conseiller au parlement de Rennes. Nous désirons que cet avis puisse vous être de quelque utilité.

« Salut et Fraternité.

» Boullay, Béard, Guillou. »

L'aîné des filles du conseiller au parlement de Bretagne, Renée-Julie-Jeanne-Joséphine du Bouëtiez, rentière, épousa son cousin, chef de la branche aînée, Fortuné-Charles, comte du Bouëtiez.

Ce dernier, était entré, on s'en souvient, dans la marine. Au moment où la révolution éclata, il se trouvait en Amérique, donna sa démission et se retira à Saint-Domingue; là, il fut nommé commandant de la milice et prit part aux luttes des colons contre les esclaves, puis se réfugia aux Etats-Unis, commanda un grand navire de commerce et refit complétement sa fortune. Le bâtiment qui le portait à son retour en France fit naufrage et il se trouva de nouveau dans une position précaire. Néanmoins, revenu à Hennebont, il put rentrer en possession d'une portion de la fortune de ses père et mère dont il se trouvait être le seul héritier, son frère aîné ayant été tué à Quiberon.

C'est alors qu'il demanda et obtint la main de sa cousine.

Voici l'acte de mariage que nous avons trouvé au greffe du tribunal de Lorient :

MAIRIE D'HENNEBONT

Arrondissement communal de Lorient

« Du 17 germinal an 12 de la République française, acte de mariage de Fortuné-Charles du Bouëtiez, âgé de 31 ans, né en la commune de Hennebont, le 2 septembre 1772, y demeurant, fils majeur de Jacques-François du Bouëtiez, décédé dans la commune de Guidel, en ce département, le 10 du mois de novembre 1773, et de Catherine-Sainte-Fortunée du Bahuno Ꝃolain, décédée à Hennebont, le 11 du mois de brumaire an 10;

» Et de Renée-Julie-Jeanne-Joséphine du Bouëtiez, rentière, âgée de 20 ans, née en la commune de Hennebont, département du Morbihan, 4 mars 1784, demeurant en cette commune, fille mineure des feu Jacque-Marie-Joseph du Bouëtiez et Jeanne-Louise Le Deist de Botidoux, autorisé par conseil de famille pris et arrêté devant le citoyen Augustin-Raphaël Audoyns de Kergus, juge de paix du canton de Hennebont, le 28 du mois de ventôse dernier.

» Les deux époux ont déclaré prendre en mariage l'un Renée-Julie-Jeanne-Joséphine du Bouëtiez, l'autre Fortuné-Charles du Bouëtiez, en présence d'Annibal-Julien-François du Bahuno de Ꝃolain, rentier, oncle maternel, de Fortuné de Pluvié, rentier âgé de 50 ans, cousin issu de germain du marié, de Jean-Marie du Bouëtiez de Ꝃorguen, rentier, âgé de 40 ans, oncle paternel de la mariée, demeurant à Hennebont; de René-François Briant de Ꝃvagat rentier âgé de 71 ans.

» Après quoi Nicolas-Marie-Allanic de Bellechère, adjoint à la mairie d'Hennebont, faisant fonction d'officier public de l'état civil, a prononcé qu'au nom de la loi les dits époux sont unis en mariage.

Signé :

« Renée-Julie-Jeanne-Joséphine du Bouëtiez, Fortuné-Charles du Bouëtiez, Jean-Marie du Bouëtiez de Ꝃorguen, de Bahuno de Ꝃolain, Fortuné de Pluvié, du Coetlosquet de Bahuno, Briant de Ꝃvagat, Halna du Fretay, Thérèse-Aimée du Bouëtiez de Kerorguen, Adélaïde de Pluvié, Eugène du Bahuno, Allanic de Bellechère. »

Aucun enfant ne naquit de cette union; madame du Bouëtiez succomba jeune encore, et en 1832 le comte du Bouëtiez, qui était retourné habiter au château du Bouëtiez mourut à son tour.

Il fit partie, dès l'origine, du conseil général du Morbihan comme représentant du canton d'Hennebont, et y fut remplacé, lors de sa mort, par son beau frère M. de Mauduit, auquel succéda M. Ambroise du Bouëtiez de Ꝃorguen, cousin germain des deux premiers représentants de Hennebont.

Fortuné-Charles du Bouëtiez était chevalier de l'ordre royal militaire de Saint-Louis.

Voici son acte de décès; nous le donnons dans son entier. « Avec Charles-Fortuné, s'éteignit la branche aînée de la famille du Bouëtiez, qui prit alors pour chef Jean-Marie du Bouëtiez frère du conseiller de Bretagne, dernier du nom et survivant d'une nombreuse génération.

COMMUNE D'HENNEBONT

Acte de décès du 17 juin 1832

L'an 1832, le 17 du mois de juin, à 9 heures du matin, par devant nous, Joseph-Vincent-Allain-Marie, de la commune d'Hennebont, arrondissement de Lorient, département du Morbihan, chevalier de l'ordre royal de la légion d'honneur, officier de l'état civil, ont comparu MM. Baptiste Kᵉaly, avocat, âgé de 29 ans, et Eugène Dezotté, notaire, âgé de 29 ans ; les deux domiciliés dans cette commune, point parents du décédé, les deux quels nous ont déclaré qu'hier, à 10 h. du matin, M. Fortuné-Charles, comte du Bouëtiez, chevalier de l'ordre royal militaire de Saint-Louis, natif et domicilié de cette commune, né le 2 septembre 1772, fils de feu messire Jacques-François, comte du Bouëtiez et de feu dame Catherine-Sainte-Fortuné du Bahuno de Kᵉolain, dame comtesse du Bouëtiez, veuf de dame-Renée-Julie-Jeanne-Joséphine du Bouëtiez, comtesse du Bouëtiez, est décédé en sa maison sise sur la place n° 5, duquel décès nous sommes assurés et avons signé le présent acte avec les déclarants.

Suivent les signatures.

A la mort du comte du Bouëtiez, sa succession se partagea en deux portions, l'une pour le côté maternel, l'autre pour le côté paternel.

Madame du Bouëtiez la mère avait un frère, M. Du Bahuno de Kᵉolain, qui avait laissé deux filles dont M. du Bouëtiez était tuteur ; l'une épousa M. de Kersauson ; c'est dans cette dernière famille que se trouvait encore naguère la terre et le château du Bouëtiez.

L'autre se maria à M. le comte de Perrien, propriétaire du château de Lannuan, c'est à ces deux familles que fut dévolue une grande partie de l'héritage du comte du Bouëtiez qui s'était de nouveau trouvé à la tête d'une fortune considérable par suite de la restitution d'un certain nombre de propriétés et le prélèvement, comme représentant de la famille du Bouëtiez, d'une somme importante dans l'indemnité du milliard.

L'autre portion fut dévolue aux enfants des deux sœurs de Jacque-François du Bouëtiez, père du défunt, dont l'aîné avait épousé Jean de Baud, chevalier de Kᵉmain, et l'autre le comte du Buat, grand propriétaire de l'Anjou.

La seconde des filles du conseiller au parlement, Mlle Thérèse-Augustine-

Marie du Bouëtiez, épousa M. de Mauduit, représentant d'une ancienne famille de Touraine fixée en Bretagne depuis 1696. Nommé maire de Languidic et membre du conseil général à la place de son beau frère le comte du Bouëtiez, M. de Mauduit occupa, pendant de longues années, une des premières positions du département. Grand propriétaire, habitant le château de Quellenec, antique manoir de la branche cadette de la famille de sa femme, il exerçait par ses manières, son intelligence et sa courtoisie, une véritable séduction sur tous ceux qui l'approchaient, sa figure naturellement sévère, qu'éclairaient deux yeux aux regards profonds et pénétrants, s'illuminait parfois d'un sourire, d'une amabilité et d'une finesse indescriptibles.

Lors de sa mort, l'*Abeille de Lorient* publia l'article suivant que nous reproduisons dans son entier :

« Les coups de la mort sont d'autant plus terribles que les têtes qu'elle fauche étaient plus précieuses. Un égoïste disparaît, pourquoi le regretter? mais qui remplacera l'homme dont la vie tout entière était consacrée à ses semblables ?

« Ces réflexions se sont naturellement présentées à notre esprit, en apprenant que M. de Mauduit venait de mourir, le 11 de ce mois, à son château du Quellenec, près Hennebont.

« Au moment où sa dernière heure a sonné, M. de Mauduit atteignait sa 72e année. Une vie laborieuse et des souffrances aiguës qu'il éprouvait depuis plusieurs années avaient altéré sa vigoureuse constitution physique; mais plus fort que le mal et le souci, son esprit était resté net, son jugement sain, son caractère plein de fermeté. Au moral, en un mot, il était demeuré ce qu'on l'avait vu à la fleur de l'âge, alors que la puissance de ses facultés exerçait son ascendant sur tous ceux qui s'approchaient de lui.

C'était un de ces hommes dont le nombre décline chaque jour, qui ont reçu du ciel, avec l'idée du bien, l'énergique volonté indispensable pour l'accomplir. Pour lui tout était devoir, point d'hésitation de caprices ni de faiblesses; la voie qu'il suivait, il se l'était toujours tracée à l'avance dans le calme de la réflexion et rien ne l'eût fait dévier.

Au foyer domestique, on le trouvait remplissant religieusement ses obligations de chef de famille, de même que dans la vie publique on le voyait citoyen dévoué, prêter aux intérêts de son pays un concours loyal et consciencieux.

Nommé membre du conseil général en 1832, il garda ces honorables fonctions jusqu'en 1855. Plusieurs fois son intelligence le fit appeler à présider cette assemblée, toujours il le fit avec distinction.

Enfin se rendant compte du déplorable état de sa santé, et se voyant près du terme, il voulut prendre un peu de repos et se retira de lui-même.

Comme homme politique, il appartenait à la légitimité; il croyait trouver dans ses principes, ce qui est nécessaire pour conserver et améliorer; mais, modéré en tout, il n'adopta jamais les idées absolues que l'intérêt et l'ignorance auraient voulu rétablir. La Restauration, suivant lui, devait entrer dans le mouvement des idées et se faire amie du progrès, à cet égard, il n'eût fait aucune concession, même, dans l'intimité, il ne flatta jamais, par une approbation quelconque, les petites passions des hommes exagérés de son parti. De cette courageuse résistance naquirent, maintes fois, des reproches et des récriminations, et s'il échoua deux fois dans sa présentation au choix des électeurs, comme candidat à la députation, il faut incontestablement l'attribuer à la fixité de ses principes et à l'inviolable fidélité avec laquelle il les pratiquait ; mais qui pourrait garder de lui un meilleur souvenir que les habitants de Languidic ? Successeur de M. du Bouëtiez, son beau-frère, il devint maire de cette belle commune, à une époque où nos campagnes étaient encore bien arriérées, et il eut plus d'une occasion de lutter contre les préjugés et la routine.

Malgré les obstacles, il établit successivement une école pour les jeunes garçons, une autre pour les petites filles. Il fit venir des sœurs pour porter aux malades indigents des secours à domicile. Depuis lors, chaque matin, une religieuse parcourt la commune ; elle fournit dans chaque chaumière les médicaments indispensables, et, pendant qu'elle les administre, son ardente charité verse le baume sur les plaies du cœur.

Un cimetière insuffisant et insalubre était placé au milieu du bourg, comme autrefois c'était l'usage; malgré une vive opposition, il le fit abandonner et en créa un autre à quelque distance de Languidic, dans les meilleures conditions de décence et d'hygiène.

C'est ainsi qu'il est arrivé à laisser, dans le pays, une mémoire qui sera à jamais une mémoire bénie et honorée. Chez lui, les idées religieuses étaient profondément enracinées. Ennemi de l'apparence et des pharisiens, il se bornait à remplir sa vie de bonnes œuvres, car il savait que la foi sans ses œuvres est une foi morte. Aussi quand il s'est senti près d'aller rendre compte à Dieu de sa mission dans ce monde, il a vu approcher sans crainte ses derniers moments : pour lui la mort n'était que le passage à une vie meilleure.

M. de Mauduit laissait six filles, deux étaient mariées.

L'une, Camille, épousa M. Pinczon du Sel-des-Monts, représentant d'une des vieilles familles d'Ile-et-Vilaine, dont la devise était *vite et ferme* ; aujourd'hui président et déjà du conseil de préfecture de ce département, M Pinczon a deux enfants, une fille mariée à M. Michel de Montuchou et un fils M. Thomas Pinzon du Sel, officier dans l'armée française.

L'autre, Thérèse, épousa un officier supérieur de la marine royale, M. de Bréart de Boisanger dont elle eut trois fils, Thomi propriétaire du château de Kéblin, près de Quimperlé, un des jolis points de vue de Bretagne, marié à une demoiselle de Pontbriand.

Adrien, lieutenant de vaisseau de la marine impériale, et Augustin, officier démissionnaire, marié à la fille d'une de nos illustrations bretonnes, Mlle de la Villemarqué.

L'aînée, Mlle Ernestine de Mauduit, habite toujours le château du Quellenec, et ses sœurs président également dans le pays, à l'exception de Mlle Louise de Mauduit, sœur de Saint-Vincent-de-Paul et présentement supérieure du couvent de l'ordre au Brésil. Enfin la troisième, fille du conseiller Thérèse-Aimée du Bouëtiez, devint l'épouse du chevalier du Vergier, seigneur du Ménéguen, dans la paroisse de Caudan.

Mlle Duvergier a épousé Monsieur de Kyhor, actuellement beau-père de Messieurs de Ferré et de Kydrel.

Le conseiller au parlement avait deux sœurs : Marie-Françoise-Emilie et Thérèse-Aimée du Bouëtiez.

La première, Marie-Françoise-Emilie, épousa M. Eudo, seigneur de Kylivio. Mlle Eudo, l'unique enfant issu de ce mariage, se maria à M. Halna du Fretay. Enfin, Mlle du Fretay, petite-fille de cette demoiselle du Bouëtiez, devint l'épouse de M. le comte Adolphe de Perrien, propriétaire du château de Locunolay, qui domine d'une façon si pittoresque les bords sinueux du Blavet.

La seconde, Thérèse-Aimée, qui portait le titre de chanoinesse de Malte. épousa Girard, seigneur de Chateauvieux, sa fille, qui s'appelait aussi Thérèse, se maria à un autre M. de Chateauvieux, son cousin germain. De cette dernière union sont nés trois enfants : Emeric, Thérèse et Egline

Emeric, marié à Mlle de la Gervesais, n'a point d'enfant ;

Thérèse, veuve de M. de Gasté, se trouve également sans enfant; enfin

Egline, mariée à un monsieur Surcouf, est morte en laissant un fils qui porte le nom de Robert, en souvenir de son célèbre aïeul, Robert Surcouf.

Des deux frères du conseiller, l'un Vincent-Caradec du Bouëtiez, ancien page du roi, fut tué à Quibéron, sa succession évaluée plus tard à 7000 fr. de revenus, fut partagée entre ses frères et sœurs ou leurs descendants.

L'autre, le plus jeune, Jean-Marie du Bouëtiez, chevalier de Saint-Louis sous la restauration, était au moment de la révolution capitaine au régiment de Navarre, menacé, à différentes reprises, d'arrestation; il rejoignit les princes sur le bord du Rhin. A la suite des brillantes victoires des armées de la république, il se retira en Allemagne, où il donna, pour vivre, des leçons de dessin, art dans lequel il excellait. Il fut un des premiers à profiter de la permission donnée aux émigrés de rentrer dans leur patrie, et le 20 brumaire an 10 il épousait une jeune fille d'Hennebont, Mlle Emilie-Rose de Kléro de Rosbo. Cette famille de Rosbo fournissait depuis longtemps de nombreux officiers, tant à la marine royale qu'à la compagnie des Indes. Le père de la jeune Emilie avait d'abord commandé des vaisseaux de la compagnie et était passé ensuite au service du roi Louis XVI, qui, en 1786, quatre ans avant sa mort, l'avait nommé chevalier de Saint-Louis. La mère de la jeune fille, Pauline Audouyn de Villéon, appartenait à une ancienne famille du Finistère dont un des membres était, en 1696, procureur du roi au présidial de Quimper.

Mlle Pauline de Villéon avait un frère, M. Audouyn de Kinner, dont la fille épousa M. de Longrais, père lui-même d'un fils et d'une fille.

Le fils, marié à une demoiselle de Trogoff, a eu trois enfants : un fils et deux filles.

Les deux filles se sont mariées, l'une à M. de Portz-en-Par, l'autre à un jeune capitaine de frégate, le commandant de Pagnac.

Une sœur de la mère de la future dame du Bouëtiez avait épousé un des plus brillants capitaines de vaisseau de la Compagnie des Indes, M. Maugendre, chevalier de St-Louis.

Sa fille se maria à son tour à un marin distingué, M. Favin-Lévêque, chef d'escadre, chevalier de St-Louis, nommé officier de la Légion d'honneur lors de l'établissement de l'ordre.

Le chef d'escadre a laissé trois enfants. L'un mourut jeune, lieutenant de vaisseau; l'autre devint lieutenant-colonel d'infanterie, commanda la place de Varna pendant la guerre de Crimée et prit sa retraite avec la croix d'officier de la Légion d'honneur; le troisième, devenu rapidement capitaine de vaisseau, s'était marié à la fille d'un des maires les plus remarquables de Lorient, Mlle de Ꝃdrel, dont le frère, M. Vincent de Ꝃdrel, occupa, en 1848, un rang distingué dans nos assemblées législatives.

Revenons au mariage de Jean-Marie du Bouëtiez de Ꝃorguen et de Mlle Emilie de Rosbo. Le marié avait 37 ans et la mariée 23. Les témoins du mariage furent : Clément-Fortuné de Ꝃléro de Rosbo, rentier, frère de la mariée, âgé de 25 ans; René-François Huo de Ꝃguinoz, rentier, âgé de 61 ans, cousin-germain de la mère de la mariée ; Augustin-Raphaël Audouyn du Ꝃgus, rentier, âgé de 56 ans, oncle maternel de la mariée et René-François Briont de Ꝃvagat, propriétaire, âgé de 69 ans, parent du 3e au 4e degré du mari.

Le mariage fut célébré à la mairie d'Hennebont par Allanic de Bellechère, adjoint.

Plusieurs enfants naquirent de cette union; quatre dépassèrent les limites du premier âge :

Alphonse-Jacques-René-Marie du Bouëtiez ;

Emilie du Bouëtiez ;

Fortuné-Saturnin du Bouëtiez ;

Ambroise-Jean-Marie du Bouëtiez.

L'aîné, Alphonse du Bouëtiez, entra dans la marine royale, prit part à l'expédition de Grèce et se distingua en montant à l'assaut du fort de Patras; promu lieutenant de vaisseau à 24 ans, il prit part, en cette qualité, au siége d'Alger. Embarqué sur *la Provence*, le courage et le sang-froid dont il fit preuve pendant le combat le firent mettre à l'ordre du jour. Il devint rapidement capitaine de corvette et chevalier de la Légion d'honneur. Destiné à un brillant avenir, il renonça à la marine peu de temps après son mariage, et vint s'établir dans sa terre de Ꝃliven, près Hennebont.

Le 19 juillet 1841, il épousait sa cousine-germaine, Mlle Eugénie Ꝃléro de Rosbo.

Cette demoiselle de Rosbo était la fille d'un frère de Madame du Bouëtiez, Pierre-Michel Ꝃléro de Rosbo, ancien lieutenant de vaisseau, chevalier de St-Louis, mort en 1837.

M. Michel de Rosbo avait laissé deux autres enfants : Mlle Emilie de Rosbo, vivant aujourd'hui à Hennebont, et M. Jules de Rosbo, actuellement en retraite comme capitaine de frégate, et officier de la Légion d'honneur.

M. Michel de Rosbo avait un frère et deux sœurs.

L'une de ses sœurs, Emilie-Rose avait épousé, nous l'avons déjà dit, Jean-Marie du Bouëtiez, capitaine au régiment de Navarre.

L'autre se maria à M. Christy de La Pallière, ancien officier de la Compagnie des Indes, capitaine de vaisseau et chef de division.

Son fils, qui signe au contrat de mariage de son cousin-germain Alphonse du Bouëtiez, est Jean-Jacques Christy de La Pallière, marin des plus distingués, capitaine de vaisseau et directeur du port de Lorient. De son mariage avec la belle-sœur du célèbre Gantheaume, Mlle Gobert de Neufmoulin; le commandant de La Pallière a laissé deux enfants.

M. Edmond Christy de La Pallière, lieutenant de vaisseau de la marine impériale, nommé chevalier de la Légion d'honneur à la suite d'une blessure reçue à la jambe dans les tranchées de Sébastopol, et quelques années après promu au grade d'officier du même ordre en récompense de sa belle conduite au Mexique où il reçut une balle en montant à l'assaut de Puebla à la tête de sa compagnie.

Sa sœur, Mlle Marie Christy de La Pallière est mariée au fils de l'ancien directeur des constructions navales du port de Lorient, M. Stanislas Alexandre, colonel d'artillerie de marine, directeur de l'arme au port de Cherbourg.

Le frère de M. Michel de Rosbo s'était marié à une demoiselle du Laurent de La Barre; sa fille, Mlle Pélagie de Rosbo a épousé le chef d'une ancienne famille d'Ile-et-Vilaine, M. Juliot du Plessis, habitant au château du Plessis, près St-Meen. Nous le voyons signer, au mariage de son cousin-germain, le commandant Alphonse du Bouëtiez. De son mariage avec Mlle de Rosbo sont nés trois enfants : M. Fulgence du Plessis, Mlles Alice et Gabrielle du Plessis.

Du mariage de M. Alphonse du Bouëtiez et de Mlle Eugénie de Rosbo sont nés trois enfants : MM. Gaston et René du Bouëtiez, et Mlle Emilie-Anne du Bouëtiez.

Le second frère d'Alphonse du Bouëtiez, Saturnin, fut emporté à 22 ans par la fièvre jaune à bord du navire l'*Antilope* sur lequel il servait en qualité d'enseigne de vaisseau.

Enfin le plus jeune des fils de Jean-Marie du Bouëtiez de Kerguen, Ambroise, après avoir fait ses études de droit, entra dans la marine comme élève commissaire; mais à la nouvelle de la mort de son frère Saturnin, il se décida à prendre une position qui lui permit de ne pas s'éloigner des siens ; il entra d'abord au barreau de Lorient, puis peu de temps après acheta une étude de notaire.

Au bout de quelques années, nommé membre de la chambre, il devint bientôt président de cette honorable corporation, place que depuis il a pour ainsi dire occupée sans autre interruption que les délais réglementaires. Portant un vif intérêt à l'agriculture et aux populations de la campagne, il est vice-président de la Société d'agriculture de l'arrondissement de Lorient ainsi que du Comice agricol du canton de Plœmeur, et membre correspondant de la Société impériale et centrale d'agriculture. Depuis de longues années, ses concitoyens l'ont envoyé siéger au Conseil municipal de Lorient et au Conseil général du Morbihan où il a remplacé, en 1856, son cousin-germain, M. de Mauduit.

En 1839, Ambroise du Bouëtiez de Kerorguen épousa Mlle Céline-Julie Hébert, fille de M. Hébert, négociant, et de Mlle Bourdon.

Voici les renseignements que nous avons pu recueillir sur la famille de la future dame du Bouëtiez :

« La famille Hébert, originaire de Normandie, vint s'établir à Lorient, attirée par les opérations de la Compagnie des Indes. Vers la même époque, et probablement poussé par les mêmes motifs, un M. Martin, négociant de Toulouse et propriétaire de crus dans le Midi, se fixa à Lorient.

» Ce M. Martin épousa la fille d'un officier de la Compagnie des Indes, nommé Rolland, dont le frère, qui célébra le mariage, était à l'époque curé de Paimpont en Bretagne.

» De cette union naquirent 4 enfants : un fils et trois filles.

» Le fils fut s'établir à St-Domingue, où sa famille possédait de nombreux intérêts ; là, M. Martin épousa la fille du sous-gouverneur de l'île, le comte de Kangoff.

» Lors du massacre des blancs par les nègres, sa femme et ses enfants furent égorgés à l'exception d'une fille qu'il réussit à sauver et qui se maria plus tard au docteur Autivy, médecin des enfants du roi Louis-Philippe. Sa fille, Mlle Autivy, a épousé M. le baron de Ménainville, actuellement receveur particulier à Sancerres.

» Des trois filles de M. Martin, la plus jeune épousa M. Hébert, riche négociant de Lorient, dont une partie de la fortune fut dévorée dans un incendie arrivé au commencement de l'Empire. Nous y reviendrons plus tard.

» L'aînée des demoiselles Martin se maria à M. Guérard, banquier de Paris, que les affaires de la Compagnie des Indes attiraient tous les ans à Lorient. . . . .

» M. Guérard eut deux enfants; l'aînée épousa un banquier de Paris, M. Gobert, frère du général de ce nom et cousin du fameux comte Daru. . . .

» Quant à Mlle Gobert, seule enfant née de ce mariage, elle fut mariée au comte d'Oisonville, lieutenant-colonel dans la garde royale, et frère d'un capitaine de vaisseau de ce nom. Madame d'Oisonville mourut sans enfants.

» La seconde fille de M. Guérard épousa un autre banquier, M. Lenepveu, qui n'eut qu'une fille, mariée à M. Laurent, ingénieur des ponts et chaussées, député au Corps législatif sous le règne de Louis-Philippe, ayant dans les temps siégé au Conseil général du Morbihan, et actuellement maire de Lorient.

» Enfin la seconde des demoiselles Martin se maria à un banquier suisse établi à Paris, M. Mérian, fils du Landaman de Bâle, et qui n'a pas laissé de postérité. »

Nous avons dit que la plus jeune des demoiselles Martin avait épousé un M. Hébert. Ce dernier avait un frère beaucoup plus jeune que lui qui se fixa à Brest où il occupa comme négociant une position des plus honorables. . .

Il a laissé deux enfants : MM. Edmond et Jules Hébert.

L'aîné, Edmond, entra à St-Cyr, devint chef de bataillon et c'est en cette qualité qu'il prit part à la campagne d'Italie.

M. de Basancourt lui a consacré les lignes suivantes dans son ouvrage sur cette campagne :

« Là (à Solférino) c'est le 2e de ligne qui combat avec acharnement contre des colonnes que l'ennemi renouvelle sans cesse.

» Le capitaine Douay, qui commande le 3e bataillon, a le bras emporté par un boulet. Cet énergique officier conserve son commandement; impassible au milieu du feu, malgré son sang qui coule à flots, il donne ses ordres et anime au combat ses soldats électrisés par tant de courage. En vain on le presse de se retirer, en vain on veut l'emporter loin du champ de bataillle, il reste jusqu'au moment où il tombe épuisé pour ne plus se relever. . . .

» Le 2e bataillon déployé en tirailleurs a massé la 3e compagnie du centre chargée de la garde de son drapeau. . . . .

» Un gros d'ennemis, caché par des massifs de muriers, fond sur elle à l'improviste: mais elle défend avec acharnement le dépôt d'honneur qui lui est confié et donne ainsi le temps aux autres compagnies de venir rallier l'étendard du régiment.

» La lutte est terrible, la mêlée furieuse; presque tous les officiers qui commandaient ces compagnies sont glorieusement tombés. Mais plus le péril grandit, plus les rangs se resserrent : les vivants et les morts forment autour du drapeau un dernier rempart.

» Le commandant Hébert, du 53e, a vu le danger qui menace ses frères d'armes. Il lève son sabre en criant : « *En avant, 1er bataillon du 53e, au drapeau !* »

» A la voix de son chef intrépide, le bataillon s'élance et fond sur l'ennemi. L'aigle du 2e de ligne est dégagée; mais le brave commandant Hébert a été tué des premiers; renversé à terre par un coup mortel, il criait encore à ses soldats : « *Courage, mes enfants !* » Mort glorieuse et bien digne des nobles soldats de la France. »

Son régiment adressa à sa famille le certificat suivant, titre précieux pour les siens :

« Les soussignés, officiers au 53e régiment d'infanterie, certifient les faits suivants sur les circonstances qui ont précédé la mort du commandant Hébert, chef de bataillon au dit régiment, tué glorieusement sur le champ de bataille de Solférino.

» Après avoir eu son cheval tué sous lui, le commandant Hébert avait pris position avec un bataillon entre la ferme de Baëte et de la Sanova. Depuis le commencement du combat, il conservait le plus grand calme et le plus grand sang-froid. Vers deux heures, il s'aperçut qu'un bataillon du 2e de ligne était fortement engagé en avant, et un peu sur la gauche de la position, soutenant un combat violent et disproportionné contre des forces ennemies très-considérables.

» Le commandant Hébert n'avait plus que trois compagnies sous la main, c'est alors qu'il dit :

« Mes trois compagnies valent bien un bataillon autrichien, allons, mes enfants, en avant ! » et l'épée haute il s'élance à la tête de ses soldats.

» L'élan imprimé par leur chef aux trois compagnies fut irrésistible; l'ennemi abandonna le terrain.

» Malheureusement, pendant cette charge vigoureuse, le brave commandant Hébert tomba blessé mortellement. Renversé à terre, profitant des dernières forces qui lui restaient, il excitait encore ses soldats et leur criait : « *En avant!* » Bientôt après, il expira.

» La mort glorieuse du commandant Hébert a fourni une des plus belles pages des annales du 53e, et les soussignés sont heureux de donner aux enfants d'un officier si brave et si estimé, le témoignage de sa conduite admirable et de sa bravoure chevaleresque.

» A Besançon, 18 septembre 1860, suivent les signatures des officiers, légalisées par le colonel d'Argy. »

Quant à Jules, entré de bonne heure dans l'administration de la marine, il arriva vite aux grades supérieurs; nommé commissaire-général de la marine en 1869, il dirige en cette qualité le service administratif du port de Lorient.

Son fils, M. Edmond Hébert, officier des haras est attaché au dépôt d'Hennebont.

Du mariage de M. Hébert avec Mlle Martin étaient nés trois enfants :

M. Adolphe Hébert, Mlle Quetti Hébert et M. Firmin Hébert.

L'aîné, Adolphe, figura avec distinction au barreau de Lorient, mourut jeune, laissant une fille mariée plus tard à un sous-ingénieur des constructions navales, M. Didier. M. et Mme Didier ne vécurent pas longtemps et ne laissèrent qu'une fille mariée depuis à son cousin, M. Didier, ingénieur civil à Paris.

Mlle Quetti Hébert épousa le dernier représentant d'une vieille famille de négociants de la compagnie des Indes, M. Besné.

Ce M. Besné était d'une famille de la Loire-Inférieure, d'origine noble. La famille de Besné, seigneur du dit lieu, paroisse du même nom, est notée dans l'armorial de Bretagne comme d'ancienne extraction et avait pour armes : D'argent au lion morné de sinople. Un des cadets de cette famille, à l'époque où en Bretagne il était admis que le commerce maritime ne dérogeait pas, vint s'établir à Lorient pour prendre part aux opérations de la compagnie des Indes.

En 1788, la famille Besné jouissait d'une notoriété sérieuse, car c'est à elle que le célèbre voyageur Arthur Yung est adressé. Dans son journal, qui est un des livres les plus intéressants qui aient paru sur cette époque, il est dit :

« A peine arrivé à Lorient, j'allai sur le champ remettre mes lettres; je trouvai M. Besné, négociant, chez lui; il me reçut avec une cordialité sincère préférable à un million de cérémonies, et lorsqu'il sut ma position, il m'offrit dans sa maison une hospitalité que j'acceptai. »

Plus loin il ajoute : « mon hôte est un homme simple et franc; il a une charmante fille qui me distrait par son chant qu'elle accompagne sur la harpe. »

Ce fut le fils de l'hôte d'Arthur Yung qui épousa Mlle Quetti Hébert.

Tour à tour membre du conseil municipal, conseiller général pour la ville de Lorient, président du tribunal et de la chambre de commerce, ami des arts, excellent musicien, pendant de longues années, M. Besné occupa une des premières places de la cité. Il a laissé deux fils, dont l'aîné, Ernest, marié à la fille du vice-amiral Montagniès de la Roque, préside actuellement le tribunal de commerce de notre arrondissement.

Enfin, M. Firmin Hébert, associé de son beau-frère, M. Besné, épousa Mlle Céline Bourdon.

Son père, M. Bourdon, fils d'un avocat de Noyon, dans le Nord de la France, était fixé depuis longtemps à Lorient ; il dirigeait la succursale de la grande maison Bérard et Cordier, directeurs de la compagnie des Indes avant la révolution; cette maison occupait trente deux commis, et les bénéfices se chiffraient par des sommes de quatre et cinq cent mille francs. Quand les affaires diminuèrent, MM. Bérard et Cordier cédèrent leur établissement à M. Bourdon, retournèrent à Paris, devinrent régents de la banque de France, et l'un d'eux maria sa fille à Le Brun, fils aîné du duc de Plaisance.

Quant à M. Bourdon, homme d'une intelligence rare et d'une capacité qui n'avaient d'égale qu'une intégrité devenue proverbiale, il maintint la maison des anciens directeurs à la tête du commerce lorientais. Longtemps il présida le tribunal et la Chambre de commerce; conseiller municipal, conseiller général, partout il se fit remarquer par l'élévation de ses idées et la distinction de ses manières. L'aînée de ses filles, Mlle Angélique Bourdon, épousa M. Auguste Ouizille, fils d'un riche négociant de Paris ruiné par la révolution. Venu de la capitale, recommandé par l'ancien directeur Bérard, M. Ouizille fut parfaitement accueilli par M. Bourdon dont il devenait au bout de 16 ans le gendre et l'associé. Nous ne pouvons mieux faire connaître l'homme qu'en reproduisant l'article publié lors de sa mort par un des journaux de la localité :

« Jeudi, 8 juillet 1860.

» La ville de Lorient vient de perdre M. Auguste-Jean Ouizille; ce nom rappelle les vertus du citoyen, du père de famille, de l'administrateur, du magistrat. Il est au-dessus de nos forces de l'apprécier sous ses différents points de vue; nous nous contenterons d'exposer qu'il a été nommé deux fois président du Tribunal de commerce et qu'il y a siégé comme juge ou président pendant plus de 17 ans; qu'il a été conseiller municipal, membre de la Chambre de commerce pendant plus de dix-huit ans et qu'enfin il est mort dans ses fonctions d'administrateur de l'hospice qu'il exerçait depuis de longues années.

» Peu d'hommes pourraient présenter de plus beaux états de services gratuits. Aussi la reconnaissance publique avait-elle devancé dès longtemps la distinction honorifique que l'Empereur lui a décernée à son passage de sa propre main.

» A quoi bon parler de son intégrité et de sa loyauté dans les affaires? elles étaient proverbiales dans le pays.

» Toutes ces qualités étaient encore rehaussées par une grande affabilité de manières, par l'aménité de son caractère, la bienveillance de son cœur, les charmes d'un esprit fin, délicat, délié, gracieux. Même dans un âge fort avancé, malgré la gravité de ses occupations, il avait conservé pour la littérature un culte discret et de bon goût.

» Une telle vie, après avoir été dirigée par une philosophie douce et tolérante, ne pouvait se terminer que sous l'égide toujours si consolante de la religion. Un mot auquel les affligés de toute nature et de toutes classes applaudiront. Il fut toujours généreux sans ostentation, et le secret de ses bonnes œuvres ne fut trahi que par ses obligés.

» Jamais foule aussi nombreuse ne s'était pressée autour d'un cercueil; chacun voulait dire un dernier adieu à celui que nous pleurons. »

Nous reproduisons les paroles de regrets et de sympathie, prononcées par M. Armand Dufilhol, président de la Chambre de commerce :

« Avant que la tombe ne se ferme sur ta dépouille mortelle, un ami vient ici bon et cher Ouizille, t'adresser un suprême souvenir.

» Je n'entreprendrai pas l'histoire de ton honorable vie, je dirai seulement que tu fus citoyen distingué, bon père de famille, négociant intègre, que la bienveillance formait le fond de ton caractère, que tu possédais les sympathies de tous. Je dirai que sans que tu aies recherché les honneurs ils te sont arrivés à l'approbation générale, et que ta bonne âme ne s'en est pas enorgueillie. Je dirai que la bienfaisance fut une de tes vertus familières et qu'une foi sincère t'assure une bonne place là haut. J'ajouterai que ton nom vivra dans nos mémoires et que nous le citerons à nos enfants et à nos jeunes collègues comme un compte à suivre. Puisse l'expression du regret général adoucir la juste douleur de ta famille. Adieu ami, adieu, à toi notre souvenir, à nous tes prières. »

Cet homme de bien a laissé son héritage d'honneur et d'estime à ses enfants. Toujours à la tête de cette vieille maison des anciens directeurs de la Compagnie des Indes, qu'il dirige de concert avec son beau-frère, M. de La Gillardaie, M. Auguste Ouizille, ancien président du Tribunal de commerce, membre du Conseil municipal de Lorient, conseiller général de notre ville, continue parmi nous les traditions de son père, M. Ouizille, et de son grand-père, M. Bourdon.

La plus jeune des filles de M. Bourdon, Mlle Céline Bourdon, épousa, comme nous l'avons déjà dit, M. Firmin Hébert. Madame Hébert mourut au bout de 15 mois de mariage, laissant une fille, Mlle Céline Hébert, qui, en 1839, épousa Ambroise du Bouëtiez de Kerguen.

De ce mariage naquirent quatre enfants : MM. Alphonse et Ernest du Bouëtiez, Mlles Noémie et Hélène du Bouëtiez.

Ernest mourut en bas âge.

Alphonse, après avoir terminé ses études de droit, est revenu à Lorient, où il exerce comme avocat, près du Tribunal civil, dont il fait partie en qualité de juge suppléant.

Enfin Hélène est mariée au représentant d'une ancienne famille d'armateurs de St-Malo, M. Emile Fontan, lieutenant de vaisseau, décoré comme aspirant de marine à la suite de l'expédition de Bienoa en Cochinchine. Notre résumé historique est terminé ; bien des documents dont nous connaissons l'existence n'ont pu être mis à notre disposition : de là des lacunes inévitables ; nous n'avons pas hésité cependant à mettre au jour ce modeste travail, convaincu que malgré ses nombreuses imperfections il ne sera pas sans intérêt pour les membres de notre famille.

Nous consacrerons nos dernières pages à donner quelques détails sur un procès soutenu au siècle dernier et à établir, avec le peu de titre que nous possédons, quel était au moment de la révolution le patrimoine de la famille du Bouëtiez.

Voyons d'abord le procès :

Il s'agissait de la succession de la comtesse de Marbœuf, dans laquelle une des branches des du Bouëtiez était fondée par suite de son alliance avec la famille Ermar.

Les principaux intéressés étaient les De Guer, les de Farcy de Saint-Laurent, les du Bot de Villeneuve et les du Bouëtiez !

L'affaire, commencée en 1777, ne se termine qu'en 1786 ; on voit qu'à cetteépoque les procès duraient encore plus longtemps que de nos jours.

Il y a une correspondance volumineuse entre M. du Bot de Villeneuve et son cousin le comte du Bouëtiez. Il lui écrit lettres sur lettres pour lui demander des renseignements, des pièces, et le tenir au courant des agissements et des menées des adversaires.

Enfin l'on finit par se mettre d'accord sur le choix de deux arbitres qui doivent être messieurs de Guerri et du Boistilleul, tous deux conseillers au parlement de Bretagne.

Au moment où les arbitres allaient opérer, M. du Bouëtiez meurt ; on s'arrête momentanément ; toutefois on règle les frais ; il existe en effet un reçu portant : « J'ai reçu de madame veuve comtesse du Bouëtiez, tutrice de ses enfants mineurs, la somme de 413 liv. 183 d. dont je tiendrai compte sur les frais du procès qu'ils ont en la cour. Rennes, 10 novembre 1783, signé Hédouyn. » Après la mort de M. du Bouëtiez, l'affaire reste suspendue pendant deux ans, mais M. du Bot de Villeneuve est là qui veille, et le 29 décembre 1784 il écrit à la comtesse du Bouëtiez en son hôtel à Hennebont :

« Madame et chère cousine,

« Je viens d'apprendre que notre procès avec M. de Guer a été distribué il y a quinze jours ; c'est M. de Cambourg qui est notre rapporteur. M. de Martigné, que j'ai vu, m'a dit que vous alliez partir pour Paris ; je vous prie madame et chère cousine, de vouloir bien écrire à vos connaissances et à vos parents pour les prier de solliciter cette affaire. M. de Boisteilleul, M. le président de Cuillé (c'était un de Farcy) sont nos parents réciproques ; s'ils veulent s'intéresser pour nous comme je n'en doute pas, cela fera bon effet, nous avons affaire à un président à Mortier, (un de Marnière de Guer), et quoique la justice soit aveugle ou doive l'être, elle aperçoit toujours un peu le chapitre des influences ; M. de Boisteilleul peut nous rendre de bons offices dans cette circonstance ; nous avons enfin M. du Bouëtiez. M. de

Guer se trémousse tant qu'il peut, j'en ferai autant; mais vos sollicitations feront plus d'effet que les miennes. Permettez-moi, madame et chère cousine, de vous offrir mes vœux et mes hommages : daigner les agréer ainsi que l'attachement très-respectueux avec lequel j'ai l'honneur d'être, votre très-humble serviteur,

» Signé : du Bot de Villeneuve. »

Malgré toutes ces démarches, l'affaire ne marche qu'avec lenteur, et le 29 janvier 1785, il écrit de nouveau à sa cousine, madame du Bouëtiez :

« Ne vous impatientez pas si je vous importune de notre procès, mais j'y suis forcé, j'ai l'honneur de vous prévenir qu'il faudra envoyer de l'argent au procureur M. Gédouin. Celui que vous avez envoyé est dépensé pour votre part de mémoire et d'impression. Je vais partir pour huit jours pour faire reviser notre procès et faire faire une consultation de sept à huit avocats, que je joindrai au mémoire après l'avoir faite imprimer.

Il parait que les démarches de M. du Bot de Villeneuve ne furent pas inutiles, car dans le courant de 1786 une transaction intervint, aux termes de laquelle les représentants de la ligne Ermar cédaient tous leurs droits pour une somme de 70,000 livres.

Pour accepter cette transaction, madame du Bouëtiez, tutrice de ses enfants mineurs avait besoin d'une consultation d'avocat, ce fut le fameux Le Chapelier, futur président de la Constituante, qui la rédigea. En voici quelques passages :

« Je soussigné, conseil de la tutelle des mineurs dont madame la comtesse du Bouëtiez leur mère est tutrice, après avoir vu et examiné le traité passé le 20 mai 1786 entre M. le comte de la Chapelle d'une part et M. de Guer, président à Mortier, et M. de Farcy, conseiller au parlement d'autre part, est d'avis que Mme la comtesse du Bouëtiez ne peut faire autre chose pour ses enfants mineurs que d'accéder à ce traité qui parait avantageux à tous les suppots de la ligne Ermar, etc. Il ajoute qu'il y a d'autant plus d'intérêt à transiger, que l'affaire étant très-longue et très-compliquée nécessiterait des frais considérables. »

Le Chapelier avait d'autant plus raison que, si la somme à partager était importante, elle se divisait entre une suite de nombreux héritiers.

Voici un reçu d'un proche parent de Mme du Bouëtiez, M. du Buat, qui indique que les divisions devaient être multiples :

« J'ai reçu de madame la comtesse du Bouëtiez la somme de 509 l. 12 s.

provenant de la soumission de madame la comtesse de Marbœuf, sauf à compter avec la dite dame comtesse du Bouëtiez du surplus qui pourra m'en revenir.

Angers, 28 août 1780

« Signé : du Buat. »

Pendant le procès, il paraît que le comte de Marbœuf avait, lui aussi, succombé et qu'aumoins une partie de sa succession fut dévolue aux parties que nous avons déjà vues en cause. Voici, en effet, la copie d'une pièce qui se trouve aux archives au Morbihan :

« Soussignée dame Catherine-Sainte-Fortunée du Bahuno, dame comtesse du Bouëtiez, tutrice de mes enfants, je déclare par le présent donner pouvoir et procuration à M. Fily, procureur au parlement, de pour moi et en ma qualité de tutrice recevoir de M. le marquis de Montboucher, acquéreur de la charge de lieutenant du roi, des quatre évêchés appartenant à feu M. le comte de Marbœuf, la part et portion revenant à mes enfants dans le prix de cette charge comme héritiers de M. de Marbœuf dans l'estoc Ermar. »

On ne s'étonnera pas des lacunes qui se trouvent dans notre travail, quand on lira la liste suivante des pièces remises au chef de la famille du Bouëtiez il y a un certain nombre d'années et qu'une négligence regrettable a laissé disparaître ; cette liste, qui comprend 65 articles, renferme des documents qu'il eût été fort intéressant pour nous de pouvoir consulter et qui nous eussent permis d'éclaircir certains points de parenté et d'alliance que nous avons été obligés de laisser dans l'ombre.

Nous copions exactement cette curieuse nomenclature:

N° 1, 1721. Extrait de naissance de René-François du Bouëtiez de Kerorguen ;

2, 21 janvier 1721. Apposition des scellés ;

3, 30 décembre 1720. Publication du mariage de M. de Couessin de la Berrais et de demoiselle Françoise du Bouëtiez;

4, 12 décembre 1720. Contrat de mariage de messire Philippe-Armand de Couessin avec demoiselle Françoise du Bouëtiez;

5, 21 décembre 1724. Apposition de scellés ;

6, 26 janvier 1740. Nomination de dame Marie Briant, tutrice de ses enfants ;

7, 27 avril 1720. Compte rendu par François du Bouëtiez à ses enfants du premier lit ;

8, 6 novembre 1715. Acte et copie du contrat de mariage de François du Bouëtiez et de Marie Briant ;

9, 15 novembre 1715. Acte de célébration du mariage de François du Bouëtiez

Nos 10, 4 novembre 1750. Publication du contrat de mariage de René-François du Bouëtiez et de Thérèse-Marie-Françoise de Couessin ;

11, 10 février 1848. Acceptation de la tutelle de madame de Couessin de la Berrais ;

12, 11 septembre 1755. Réception d'aveu ;

13, 26 juillet 1736. Convention entre la dame de Caradeuc et Philippe-Armand de Couessin ;

14, 1736. Aveu fait par Philippe-Armand de Couessin au comte de Rieux ;

15, 19 août 1785. Partage entre M. du Bouëtiez de Kerorguen et M. de Couessin de la Berrais ;

16, 1740. Inventaire de titre ;

17, 29 octobre 1679. Extrait de baptême de François du Bouëtiez ;

18, 17 février 1610. Contrat de mariage entre Jacques du Bouëtiez et demoiselle Huby ;

19, 18 août 1678. Contrat de mariage de Jacques du Bouëtiez et de Perrine du Bahuno ;

20, 13 février 1650. Contrat de mariage de Jacques du Bouëtiez et de demoiselle Fournoir, dame du Quellenec ;

21, 14 août 1699. Contrat de mariage de Jacques du Bouëtiez et de Thomasse du Bois ;

22, 2 septembre 1678. Transaction entre Jacques du Bouëtiez et dame Renée Fournoir, sa mère ;

23, 6 février 1677. Contrat de mariage de Jacques de Pluvié et de demoiselle Anne du Bouëtiez ;

24, 20 juillet 1682. Partage des biens de Jacquette de Fournoir ;

25, 24 avril 1634. Partage de la succession de Guillemette Huby ;

26, 25 octobre 1644. Nomination du sieur de Couessin, chevalier de St-Michel.

27, 6 septembre 1654. Réception et brevet de l'ordre de Saint-Michel.

28, 25 août 1654. Acte de mariage de Philippe de Couessin et de Madeleine Hamon, dame de Kergariou ;

29, 14 novembre 1611. Copie du contrat de mariage de Julien de Couessin avec la dame de Bresséant ;

30, 12 mars 1644. Transaction entre la dame Nicole du Bahuno et Vincent du Bouëtiez ;

31, 1693. Transaction entre le sieur du Val et le sieur de Kerorguen ;

32, 1656. Contrat d'acquit fait par Mlle du Pou avec M. Huby;

33, 1655. Transaction passée entre les de Montigny et Anne de Cibon, veuve Hamon de Kergariou ;

34, 1611. Extrait de baptême de Louis Hamon de Kergariou, père de madame de Montigny ;

N° 36, 1669. Partage de la succession Juzel du Cosquer, veuve Eudo ;
37, 1670. Partage de la succession du Pou ;
38, 1634. Partage entre Jacquette Juzel et les sieurs du Lié et de Bahuno.

Il y a encore beaucoup d'autres pièces moins importantes dont nous ne donnons pas le détail, mais dont le total s'élevait à 65.

Des Biens de la famille Du Bouëtiez

AVANT LA RÉVOLUTION

Nous n'avons que des documents fort incomplets sur la fortune de la famille du Bouëtiez à la fin du dernier siècle néanmoins, par les renseignements que nous avons entre les mains, il est permis de supposer qu'elle devait être fort importante.

Voici un partage de 1784 énumérant les biens possédés à sa mort par messire Jacque-Pierre du Bouëtiez, comte du Bouëtiez, et par dame Charlotte-Jacquette des Portes, dame de Saint-Nadec, son épouse.

Dans la succession paternelle, à l'article biens nobles, nous trouvons dans la paroisse de Saint-Gilles, Hennebont :

« La terre et seigneurie du Bouëtiez, autrefois seigneurie de Spiniffort, ayant des droits honorifiques dans l'église de Saint-Gilles et dans la chapelle de Saint-Antoine.

« Le manoir et maison noble du Bouëtiez, la chapelle, ses logements, écuries, cours, jardins, vivier, bois de décoration au couchant nord et levant des dits jardins. »

Comme on le voit, le château devait avoir une mine assez imposante au milieu de ces grands bois dont quelques débris subsistent encore aujourd'hui.

Au château sont attenants les biens qui suivent : Des pourpris loués 600 livres par an et consistant dans deux vergers derrière le jardin, différentes pièces de terre et prairies.

Un bois de haute futaie, un autre bois dans lequel est l'avenue qui conduit à la route de Vannes ; on trouve encore des traces de cette allée ; un grand bois taillis au midi du manoir, le bois taillis de Couëterven, le bois taillis dit de la métairie, le bois taillis dit du moulin.

Deux moulins à eaux loués 15 livres, deux tonneaux seigle, vingt-six minots de froment et douze canards ; c'est près d'un de ces moulins que se trouve la fontaine du Bouëtiez, fontaine d'eau sulfo-ferrugineuse, renfermant des principes minéraux fort abondants et dont on se servit souvent dans le pays avant que les eaux lointaines eussent été mis à la mode.

La métairie de la porte ou de la croix, louée 96 liv. argent; 16 minots avoine commune, 48 minots de seigle, 100 paquets de paille et obligation de faire des charrois de vin.

Cette dernière obligation se comprend lorsqu'on parcourt toute une correspondance qui existe aux archives de Vannes et où l'on voit par exemple deux notes ainsi conçues expédiées de Bordeaux :

6 mai 1779, Bordeaux.

« Une barrique Saint-Emilion supérieure, 300 l.

« id. Hautbrion id 330 l., et d'autre vin de qualité inférieure; l'année suivante, en 1780, la commande est aussi importante, et ce qui permet de supposer qu'on menait grand train au château du Bouëtiez, c'est qu'indépendamment de ces fortes commandes de vins, nous trouvons sur les mêmes notes un barril contenant 12 jambons frais, 100 liv., puis des fromages de Roquefort et de Chester, des flacons d'anchois, et ce sont des traites de 1200, 1340, 1380 francs qui sont tirées sur M. du Bouëtiez par l'intermédiaire des frères Galabert, négociants à Lorient. Bref, en lisant ces comptes, on comprend que les charrois de vins ne constituaient pas une redevance insignifiante.

Toujours près du manoir : la métairie de Manéavelle, avec la prée de Cornouaille, à titre de ferme, par Corvest, argent 300 liv. et 160 paquets de paille.

Les domaines congéables, du côté paternel, étaient nombreux; les principaux étaient : la grande tenue des Cosiques, la tenue des Nicolasique, les tenues de place Ermorch, de Kbalay, du Tertre, de Maugain, des Pentrec par falguerho, la maison à forge, les tenues du Blévec, des Houssaigne de Villemie, de Jean-le-Sage, des tenues au village de Saint Pio et de Guigone, le tout dans la paroisse de Saint Gilles et rapportant : 86 liv. argent, 4 minots de froment rouge, 25 minots avoine grosse, 45 chapons, 4 chevreaux, 10 minots seigle, 1 minot orge, 3 gâteaux, 1 poule, 1 mouton gras avec sa laine et de nomdreuses corvées.

Dans la paroisse de Kvignac nous trouvons les tenues suivantes : 3 au village de St-Antoine, la tenue du Cochon, celle des Cochons, le tout rapportant 12 livres, 8 pairées d'avoine, 8 minots d'avoine, 24 chapons, 2 poules, 4 gâteaux, 2 chevreaux.

Passons maintenant aux tenues qui relevaient prochement et noblement de l'abbaye royale de la Joie à devoir de foi hommage et rachat. Au bourg de St-Gilles les tenues du Godénol, de Coroller, du Quinio, tenues aux villages de Gléavec, de Lallumic, de St-Etienne, tenue Pentrec rapportant 114 livres 1 pairée d'avoine, 8 minots d'avoine, 2 minots de seigle, 12 chapons, 1 gâteau, 1 mouton gras et 2 poules.

Autres tenues relevant noblement des fiefs de la Vigne et Spinefort, paroisse de Branderion. Tenue au village de Ꝃhono, paroisse de Languidic, tenue au village de Tréauray par François Le Moing. Biens relevant prochement et noblement du dit seigneur prince de Guémené.

Sous le fief de la Roche-Moizan, paroisse d'Inzinzac, tenue d'Allain Le Faz par Guillaume Rolando, tenue au village de Ꝃaudran, tenue au village de St-Sypher, au village de Ꝃblino, tenue Louis Le Roux, Marion, au village de Ꝃmouel, paroisse de Caudan, sous le fief de la seigneurie de Léon, tenues aux villages de Ꝃudo et du Resto. Paroisse de Quéven sous la Roche-Moysan, tenues aux villages de Ꝃmerrien et Restuel. Paroisse de Berné, fief de Pontcallec, tenue au village de Pellan. Paroisse de Quistinic, tenues aux villages du Clézio et du Listoir. Paroisse de Plérin, fief de Propriando, métairie noble de Hestruen. Tous ces biens rapportant 112 livres, 20 minots de froment, 8 minots et 117 pairées de seigle, 50 minots d'avoine, 38 chapons, 2 chevreaux, 8 poules, 1 gâteau.

Dans les biens roturiers dépendant des propres maternels, nous trouvons : la métairie roturière de Ꝃihuet, paroisse de St-Gilles, louée 171 livres argent, 40 livres de beurre et le tiers de tous les grains, une maison sur la place d'Hennebont, 500 livres, fond d'une maison et courtil au bourg de Branderion, 12 livres.

Dans le Finistère il y avait des biens importants : c'est d'abord le manoir noble de Ꝃlan autrefois Ꝃanclauf, pourpris, jardins avec deux métairies y attenant, le tout loué 350 livres, puis le moulin à vent, le moulin à eau, les convenants Lharidon, Hellou, Le Borgne, rapportant 140 livres, le fond d'une tenue au village de Lannélec, paroisse de Pleyben, 45 livres, les convenants Boulouard et Antoine Lharidon, 75 livres.

Dans lequel village de Lannélec, il y a une chapelle dédiée à l'honneur de la glorieuse Vierge Marie, de laquelle le seigneur de Ꝃlan est fondateur et patron et a ses armes dans toutes les vitres d'icelle et tombe élevée.

Des tenues aux villages de Ꝃouzic, Ꝃlesquin, Ꝃderrien, de grand Mougoulon, du petit Mougoulon, de Lessalain, de Cosquerven, de Ꝃiniven, de Rumiello, de Rosangallec, de Trémorgat, etc., rapportant 460 livres.

Parmi les droits honorifiques, nous trouvons une tombe armoriée près le marche-pied du grand autel, du côté de l'évangile, dans l'église paroissiale de Pleyben, avec le pouvoir de mettre un escabeau sur la dite tombe pour sa commodité.

Des biens de peu de valeur dans les paroisses de Braspart, de Lenou, de Lopérec.

Dans la paroisse de Châteaulin, la terre et seigneurie du Quellenec.

Le manoir, pourpris et métairie noble du Quellenec, possédé à domaine congéable par Jacques Hétel et consorts, qui ont payé 2,400 livres pour les édifices et paient de rente convenancière 170 livres, les moulins loués 120 livres.

Le seigneur du Quellenec a droit à un banc à accoudoir dans l'église paroissiale de Châteaulin, au haut d'icelle, du côté de l'évangile, avec pareil droit de banc, prééminence, armoiries et tombe dans la chapelle de Ꝃluan en la dite paroisse.

Dans la paroisse de Plovan, le manoir et lieu noble de Ꝃjean, possédé à domaine congéable sous l'usement de Cornouaille, pour en payer 16 boisseaux de froment, 16 boisseaux d'orge, 8 boisseaux de fèves, 9 livres argent. La taille de Ꝃjean.

Des tenues aux villages de Ꝃquerré, de Rondavid, paroisse de Tréogat, de Ꝃbernard, paroisse de Pluguffan, le manoir et lieu noble de Pendref-Huclair, paroisse de Lababan, des tenues dans les villages de Landudec et de Poul-Dreuzic, le tout rapportant 126 livres, 68 boisseaux de froment, 36 boisseaux d'orge, 8 boisseaux de fèves, 8 boisseaux d'avoine, 20 boisseaux de seigle.

La terre de Ꝃsené, relevant prochement du fief de Carmon. Le manoir et moulin pour les édifices desquels messire du Bouëtiez a reçu 3,000 livres en 1767, possédé à domaine congéable, selon l'usement de Tréguier, pour en payer 420 livres de rente convenancière.

Biens maternels. — La terre de St-Nudec, relevant noblement à devoir de simple obéissance, sans rachat, du seigneur prince de Guémené, à cause de la seigneurie de Léon. Dans la paroisse de Caudan : le manoir, les pourpris de St-Nudec, possédés à titre de ferme par veuve Sévéno, pour en payer 500 livres ; les bois de haute futaie, les taillis, les deux métairies de St-Nudec, dites d'en haut et du milieu, louées 370 livres, 3 tonneaux de seigle, 46 minots d'avoine et 60 livres de beurre. La métairie du bas St-Nudec, celle du Resto, louées 176 livres, 80 minots de seigle, 28 minots d'avoine, le moulin de St-Nudec, loué 400 livres.

Des tenues aux villages du Pou, de Ꝃdayo, de Locmaria, de Prat-en-Tarf, de Ꝃbéban, de Ꝃvanguen, au bourg de Caudan, le tout donnant 60 livres, 7 minots de froment, 33 minots de seigle, 10 minots d'avoine, 26 chapons, 2 poules, un mouton gras, un chevreau.

Dans les acquets de communauté, nous trouvons : la métairie noble de Ꝃgostec, en la paroisse de Caudan, 2 tonneaux de seigle et 90 livres, la petite métairie du Resto, 24 livres et 20 minots de seigle.

Parmi les autres propres de madame du Bouëtiez, nous voyons : biens indivis avec M. de Coethuon, 150 livres.

Bien acquis de M. de Brulé le 4 juin 1764, sur lesquels sont placés 29,000 livres de la vente des bois de haute futaie de St-Nudec.

Les moulins à vent et à eau de Ꝃmoreau, paroisse de Languidic, affermés 5 hectolitres de seigle.

Des tenues aux villages de Quilllio, Ꝃgollo, Penhouet, Tréauray, St-Jean, Stonger, de Ꝃidoret, de Ꝃgonnau donnant 70 livres, 26 minots froment, 66 minots avoine, 58 chapons, 8 minots de seigle et 2 poules.

Constituts actifs, constitut au capital de 600 livres sur mademoiselle de Ꝃpesdron.

Enfin 220 livres de rente sur les tailles.

En épousant Mlle du Bahuno de Ꝃolain, le comte du Bouëtiez avait considérablement augmenté sa fortune. La famille de Ꝃolain possédait des biens fort étendus dans les paroisses d'Hennebont, d'Inzinzac, de Plœmeur, Guidel, Quéven, et autres. De nombreux domaines congéables dépendaient des fiefs de Ꝃmadehouay, du Cosquer, et autres. Dans Caudan, dans Plouay, dans Languidic on trouve à chaque instant des aveux rendus au seigneur du Bahuno ou à la dame Catherine-Sainte-Fortunée du Bahuno, dame Couëtdor, comtesse du Bouëtiez.

Cette demoiselle Catherine du Bahuno était héritière de la famille des Jourdain dont les chefs, pendant plusieurs siècles, résidèrent dans ce grand château du Couëtdor, situé près de la mer, entouré de bois élevés, dominant les étangs poissonneux de Launenec et de Ꝃmorseven, et ayant comme dépendances de nombreux domaines dans Plœmeur et Guidel. Indépendamment de cette seigneurie, lieu de leur habitation, les Jourdain du Couëtdor étaient propriétaires des grands fiefs nobles de Chef-du-Bois, de Boidollan, Ꝃloix et autres, des métairies considérables : telles que celles du Poulou, de Ꝃbérel en Plœmeur qui, en 1750, rapportaient déjà 310 livres argent. Plusieurs moulins, tant à eau qu'à vent, des tenues à Larmor, en Quéven et dans toutes les paroisses environnantes.

Tous ces biens passèrent dans la maison du Bouëtiez qui, par sa fortune et la position sociale de ses membres, occupait, au moment de la Révolution, un des premiers rangs dans le pays.

Si la branche aînée avait une fortune exceptionnelle, la branche cadette, tout en étant moins bien partagée, ne laissait pas que de tenir de son côté une position importante.

Le grand château du Quellenec, dans la paroisse de Languidic, était la résidence habituelle du chef de cette branche. Bâti dans un bas-fond, auquel on arrive en traversant d'immenses bois de sapins, ce vieux manoir, dont la tourelle domine le cours du Blavet, est un des types les mieux conservés de ces habitations des gentilshommes d'autrefois. Autour du château des jardins, des bois d'ornement, de nombreuses métairies et tenues. Un autre grand domaine, annobli par le duc de Bretagne, lui-même, la seigneurie de Ꝃorguen, était aussi l'apanage de la branche cadette ; ce domaine, réduit aujourd'hui à une grande ferme, qui se trouve encore dans les mains de la famille du Bouëtiez, était autrefois fort important et par ses bois étendus et par les domaines qui en relevaient.

Nous savons par quelques pièces relatives à l'héritage d'un membre de la branche cadette que cette dernière possédait des tenues importantes dans les paroisses de Plouhinec, Riantec, Locoal, Hennebont, Nostang, Merlevenez, Branderion, Caudan, St-Gilles, Languidic, Plœmeur, de même dans le Finistère et l'Ile-et-Vilaine ; mais les pièces et les renseignements nous manquent, une partie de ces pièces ont été détruites pendant la Révolution, d'autres se sont perdues, quelques-unes sont entre les mains de parents éloignés à qui nous n'avons pu nous adresser.

Nous sommes donc obligés de nous en tenir à ces détails sommaires. Un jour peut-être, à l'aide de nouvelles recherches et de nouveaux renseignements, pourrons-nous combler les lacunes et réparer les erreurs inévitables dans un travail de cette nature fait à l'aide de documents incomplets.

Lorient, le 22 Septembre 1869.

Alphonse Du Bouëtiez de Kerguen,
AVOCAT,
Juge suppléant.

FIN

Lorient, Typographie Eug. Grouhel, place Bisson, 4.

www.ingramcontent.com/pod-product-compliance
Ingram Content Group UK Ltd.
Pitfield, Milton Keynes, MK11 3LW, UK
UKHW021208220726
13924UKWH00003B/1397